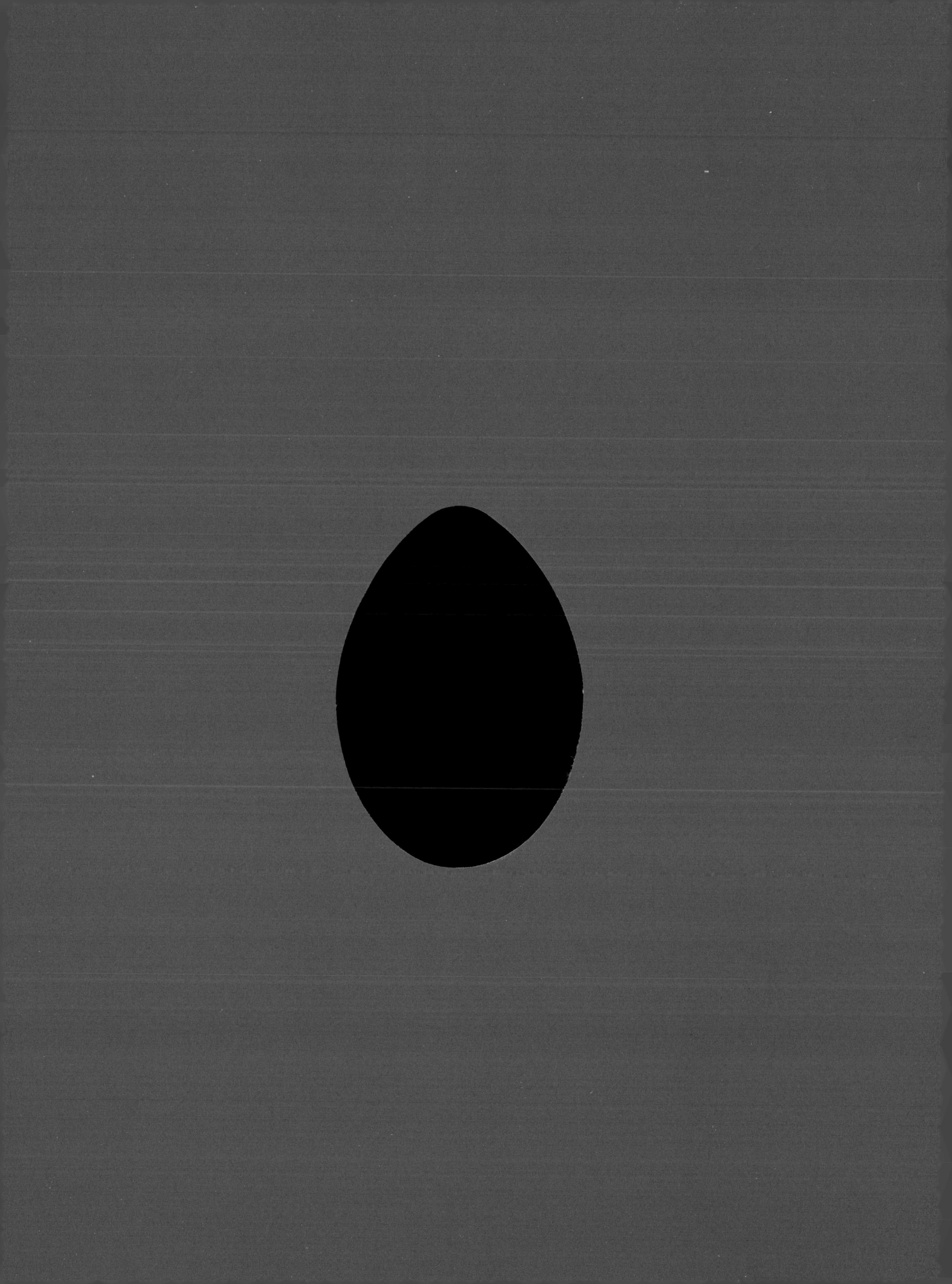

Das große Frühlingsosterbuch

Für die ganze Familie

Über dieses Buch

Ostern steht vor der Tür und viele weitere besondere Tage wie zum Beispiel Pfingsten, Muttertag oder Christi Himmelfahrt. Um diese ereignisreiche Frühlingszeit gebührend zu feiern, haben wir Ostern, Pfingsten und dem Frühling jeweils ein Kapitel gewidmet.

Jedes Kapitel enthält Geschichten, Informationen zu den wichtigsten Feiertagen, Lieder, Gedichte, Rezepte, Basteltipps und Spielvorschläge für die ganze Familie.

Symbole am oberen Seitenrand erleichtern das Finden des jeweiligen Themas.

 Wissen: Warum bringt ein Hase die Eier? Was feiert man an Pfingsten? Und was ist so besonders am Frühling? Die Pinn-Nadel führt Sie zu den Antworten.

 Geschichten: Sobald die Sonne wärmer wird, heißt es raus und toben. Wenn die Kleinen dann eine Pause einlegen, freuen sie sich bestimmt über eine tolle Geschichte – das aufgeschlagene Buch zeigt Ihnen, wo Sie eine finden.

 Lieder: Wenn die ersten Sonnenstrahlen die Nase kitzeln, möchte man vor Freude ein Lied anstimmen. Nur zu – folgen Sie der Note.

 Gedichte: Das Symbol der Schreibfeder verbirgt viele schöne bekannte und unbekannte Gedichte.

 Rezepte: Das erste Picknick des Jahres steht auf dem Programm. Wenn Sie jetzt das duftende Kräuterbrot und die erfrischende Holunderlimonade aus dem Korb holen, werden alle begeistert sein. Achten Sie auf den Schneebesen!

 Basteltipps: Lustige und praktische Ideen hält das Scheren-Symbol bereit.

 Spiele: Ob die Sonne scheint oder draußen die Frühlingsstürme toben, das Würfel-Symbol lässt keine Langeweile aufkommen.

Liebe Eltern, liebe Kinder,

die Vögel zwitschern, die ersten Blumen bahnen sich den Weg an die Erdoberfläche und die Sonne lugt hinter den Wolken hervor – es wird Frühling! Und mit dem Frühling beginnt auch die Oster- und Pfingstzeit. Jetzt heißt es Eier bemalen, lustige Hampelkäfer basteln und Spiegeleierkuchen backen.

Fehlt noch eine gute Idee für den Muttertag? Viele Tipps für tolle Basteleien und nicht alltägliche Rezepte sowie wunderschöne Geschichten, Gedichte und Lieder finden Sie, liebe Eltern, und ihr, liebe Kinder, in diesem Buch. Und wenn Sie und Ihre Kinder dann noch wissen möchten, warum es einen Osterhasen gibt, man Pfingsten feiert und wie man den Frühling mit unterhaltsamen Spielen verbringen kann, blättern Sie weiter!

Das „große Frühlingsosterbuch für die ganze Familie" hält sogar Spielvorschläge für Aprilwettertage bereit. Und wenn es draußen besonders stürmen sollte, kann sich die ganze Familie gemütlich aufs Sofa kuscheln und den spannenden Geschichten lauschen. Oder erfinden Sie doch gemeinsam weitere Strophen zu dem Lied „Ein Vogel wollte Hochzeit feiern" – was reimt sich beispielsweise auf Kranich?!

Egal, wie Sie, liebe Eltern und liebe Kinder, am liebsten die schöne Frühlingszeit verbringen – im Frühlingsosterbuch finden Sie bestimmt ein paar tolle Ideen für die ganze Familie. Wir wünschen Ihnen viel Freude an dem Buch!

Frohe Ostern, ein schönes Pfingstfest und einen sonnigen Frühling wünscht

Ihr lies + spiel Team!

Inhalt

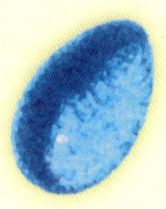

OSTERN

Wissen:	Ostern als religiöses und volkstümliches Fest	S. 12
Basteln:	Gewürzeier	S. 16
Geschichte:	Die falschen Eier	S. 18
Rezept:	Spiegeleierkuchen	S. 26
Lied:	Klein Häschen wollt' spazieren geh'n	S. 28
Lied:	Lieder vom Osterhasen	S. 29
Basteln:	Serviettenringe	S. 30
Geschichte:	Aufregung im Ostercamp	S. 32
Rezept:	Karottenmuffins	S. 40
Gedicht:	Osterspaziergang	S. 42
Gedichte:	Osterhäschen, groß und klein; Das Osterei	S. 43
Basteln:	Klammerhühner	S. 44
Spiele:	Kinder, lasst uns spielen	S. 46
Geschichte:	Hase Niko spielt Osterhase	S. 48
Rezept:	Karottencreme	S. 54
Basteln:	Osterkerze	S. 56

PFINGSTEN

Wissen:	Pfingsten – Geburtstag der Kirche	S. 60
Lied:	Ein Vogel wollte Hochzeit machen	S. 64
Rezept:	Holunderblütenlimonade	S. 66
Gedichte:	Nachdenkliches Pfingstgedicht; Pfingstlied	S. 68
Gedichte:	Frohe Botschaft; Pfingsten; Wenn's Pfingsten regnet	S. 69
Basteln:	Die Taube in der Pfingstsonne	S. 70
Geschichte:	Der Rabe und die Taube	S. 72
Rezept:	Löwenzahnhonig	S. 82
Basteln:	Tulpenpassepartout	S. 84

FRÜHLING

Wissen:	Wann fängt eigentlich der Frühling an?	S. 88
Rezept:	Frühlingsbowle für die Allerkleinsten	S. 92
Gedichte:	Frühling lässt sein blaues Band; Lob des Frühlings	S. 94
Gedichte:	Wenn der Frühling kommt; Ostern ist zwar vorbei	S. 95
Lied:	Frühlings Ankunft	S. 96
Lied:	Der Frühling hat sich eingestellt	S. 97
Geschichte:	Wurzel, der Erdgeist	S. 98
Basteln:	Der Hampelkäfer	S. 104
Wissen:	Der Mai ist gekommen!	S. 106
Lied:	Komm, lieber Mai, und mache	S. 108
Lied:	Der Mai ist gekommen	S. 109
Geschichte:	Das Nest unterm Balkon	S. 110
Gedicht:	Der Maibaumklau von Niederau	S. 114
Gedicht:	Alles neu, macht der Mai	S. 115
Rezept:	Würziges Kräuterbrot	S. 116
Basteln:	Frühlingspostkarte	S. 118
Geschichte:	Das Kostüm	S. 120
Spiele:	Kinder, lasst uns spielen	S. 130
Basteln:	Anhang Bastelvorlagen	S. 132

Ostern als religiöses und volkstümliches Fest

Im heutigen Osterfest feiern die Christen die Auferstehung Jesu als ihr höchstes Glaubensfest: Sie glauben, dass Jesus der Sohn Gottes ist und durch seinen unschuldigen Tod am Kreuz die Sünden aller Menschen auf sich genommen hat. Durch seine Auferstehung hat er den Tod besiegt und die Menschheit gerettet.

Da das Osterereignis laut Bibel zur Zeit des jüdischen Paschafestes stattgefunden hat, wird es in den westlichen Kirchen ebenso auf den Sonntag nach dem ersten Frühlingsvollmond datiert. Nach dem hier gültigen gregorianischen Kalender findet Ostern also zwischen dem 22. März und dem 25. April statt. Die orthodoxen Kirchen verwenden den julianischen Kalender und feiern deshalb zu einem anderen Datum Ostern. Die Osterzeit beginnt mit dem Ostermorgen und endet 50 Tage später mit dem Pfingstfest.

Das deutsche Wort „Ostern" leitet sich von dem indogermanischen Wort für „Morgenröte" ab. Die Woche vor dem Osterfest nennt man Karwoche. Der Begriff bezieht sich auf das althochdeutsche Wort kara/chara = Leid, Kummer, Trauer.

Palmsonntag

Ursprünglich wurde nur der Ostersonntag selbst gefeiert. Doch ab dem dritten Jahrhundert nach Christus wird die Woche vor dem Osterfest als Karwoche begangen, in der man der letzten Ereignisse im Leben Jesu Christi gedenkt. Sie beginnt mit dem Palmsonntag, an dem der feierliche Einzug Jesu in Jerusalem gefeiert wird. Der Name Palmsonntag leitet sich davon ab, dass die Menschen beim Einzug in Jerusalem Jesu Weg mit grünen (Palm-)Zweigen auslegten. Die Palme galt als Symbol der Unabhängigkeit Israels. Heute basteln vor allem Kinder bunt geschmückte „Palmwedel" aus Buchsbaum, Weidenkätzchen und anderem Grün, die im Gottesdienst am Palmsonntag gesegnet werden. Anschließend gibt

es mancherorts, besonders in Jerusalem, eine Palmsonntagsprozession. Die gesegneten Palmzweige werden anschließend mitgenommen und an heimische Wandkreuze gesteckt.

Gründonnerstag

Der Donnerstag vor dem Osterfest wird Gründonnerstag genannt. Mit ihm beginnen die drei heiligen Tage des Osterfestes. Es ist der Tag, an dem Jesus mit seinen Jüngern das letzte Abendmahl einnahm. Zwischen Gründonnerstag und Ostern wird in der katholischen und orthodoxen Kirche keine Eucharistie, also Wandlung von Brot und Wein in Leib und Blut Jesu Christi, mehr gefeiert, denn in dieser Zeit trauern die Gläubigen um Jesus und erwarten seine Auferstehung. Eine Kommunionfeier am Karfreitag – also die Ausgabe von bereits gewandeltem Brot – ist hingegen möglich und verbreitet. Im Anschluss an die Gründonnerstagsmesse werden in der Kirche alle Kerzen gelöscht und das gewandelte Brot, die Hostie, zur Anbetung bereitgestellt.

Karfreitag

Die Nacht zum Karfreitag verbringen die Christen mit Gebeten. Am Karfreitag wird um die Zeit, um die die Kreuzigung stattgefunden haben soll, also um 15 Uhr, eine Andacht begangen. Dabei wird das Evangelium vom Leiden und Sterben Jesu verlesen. Auch die Großen Fürbitten, in denen die Anliegen der Kirche und der Gläubigen vorgetragen werden und für das Wohl aller Menschen gebetet wird, sind ein unverzichtbarer Bestandteil der katholischen Karfreitagsliturgie. Glocken und Orgel spielen jedoch weder am Karfreitag noch am Karsamstag. Nach dem Wortgottesdienst wird ein großes Holzkreuz in die Kirche getragen und aufgestellt. Die Gläubigen verehren dieses durch Kniefall, Gebet, Kuss oder Blumen. Letztere werden dann zumeist als Schmuck für die Feier in der Osternacht verwendet. Vielerorts nehmen Christen im Anschluss auch ein schweres Holzkreuz auf die Schulter und gehen den so genannten Kreuzweg Jesu nach. Auch finden mancherorts Prozessionen statt, vor allem in Jerusalem und Rom.
Der Karfreitag gilt in der Katholischen Kirche seit jeher als strengster Fastentag. Daher stammt auch die weit verbreitete Tradition, freitags generell auf Fleisch zu verzichten und stattdessen Fisch zu essen. In den protestantischen Kirchen gilt der Karfreitag als der höchste Feiertag. Viele Gemeinden feiern vor allem an diesem Tag das Abendmahl. Andere wiederum legen den Schwerpunkt auf die Abendmahlfeier in der Osternacht.
Das so genannte Auferstehungsamt, die österliche Feier der Auferstehung Jesu, wird traditionell in der

 OSTERN

Nacht vom Karsamstag auf den Ostersonntag gefeiert. Sie beginnt mit einer Lichtfeier, die den auferstandenen Jesus Christus als Licht der Welt ankündigt. So hat er sich selbst einst bezeichnet. Dabei wird zumeist ein kleines Feuer vor der Kirche entfacht, an dem zunächst die große gesegnete Osterkerze der Gemeinde entzündet wird. Diese wird unter Lobgesang in die dunkle Kirche hineingetragen und sogleich entzünden die Gläubigen kleine Kerzen am Licht der Osterkerze und erhellen so mit vielen kleinen Lichtern den Kirchenraum. Die Osterkerze hat eine Tradition, die bis ins vierte Jahrhundert zurückreicht. Sie brennt während der gesamten Osterzeit bis Pfingsten und wird danach zu Taufen wieder entzündet. Während des Auferstehungsamts wird in mehreren Lesungen aus dem Alten Testament und durch das Evangelium der erneuerte Bund zwischen Gott und den Menschen erläutert. Im Anschluss daran wird das Taufwasser geweiht und die Gläubigen erneuern ihr Taufversprechen. Dann wird die Eucharistie, die Wandlung von Brot und Wein in Leib und Blut Christi, gefeiert und damit das Geheimnis des Glaubens, welches die Auferstehung Jesu hervorbrachte.

Ostersonntag

Der Ostersonntag ist dann der eigentliche Feiertag, an dem die Christen ihren auferstandenen Erlöser feiern, die meisten Nichtchristen sich der Feierlaune anschließen und ein Familienfest begehen.

Ostermontag

Am Ostermontag wird der Emmaus-Jünger gedacht, die mit als Erste dem auferstandenen Jesus Christus begegneten, ohne ihn sofort zu erkennen. Viele Christen machen sich deshalb am Morgen des Ostermontags auf und gehen noch vor dem Gottesdienst auf den Spuren dieser Jünger in der Natur spazieren, um die Erfahrung der Begegnung mit dem Auferstandenen nachzuempfinden.

Das Osterfeuer

Frühjahrsfeuer gab es auch schon in vorchristlicher Zeit. Sie dienten als Vertreibung des Winters, Schutz der keimenden Saat und Anziehung der Sonnenkraft auf die Erde. Die Asche wurde anschließend auf die Felder verteilt, um deren Fruchtbarkeit zu sichern. Das christliche Osterfeuer, auch Judasfeuer genannt, kennt man seit dem Mittelalter. Heute finden in vielen Dörfern vor allem in Nord- und Mitteldeutschland große Osterfeuerfeste jedoch ohne religiösen Hintergrund statt.

Die Ostereier-Tradition

Zum Osterfest pflegen die Menschen, Christen und Nichtchristen, viele Bräuche unterschiedlichster Herkunft. So wird vielerorts zu Ostern Lamm gegessen. Das Lamm ist das typische Opfertier, das in den Erzählungen des Alten Testaments vorkommt. Und auch Jesus selbst wird im Neuen Testament als Lamm Gottes bezeichnet. Zudem ist dieses Jungtier ein Zeichen für den Frühling und die wieder erwachende Erde. Fruchtbarkeit und Fortpflanzung gehen mit dieser Jahreszeit einher. Auch Eier wurden als Fruchtbarkeitssymbol bereits seit dem 12. Jahrhundert geweiht. In der Karwoche verzichteten die Gläubigen auf diese Speisen. Somit wurden sie zu Ende der Fastenzeit am Osterfest bewusst gegessen. Die Bemalung der über die Karwoche angesammelten Eier war besonders in Osteuropa verbreitet. Aber auch heute noch bemalen Eltern mit ihren Kindern zuvor ausgeblasene Eierschalen, um sie in Sträucher und Büsche vor dem Haus oder auf dem Balkon zu hängen. Auch das Färben von hartgekochten Eiern erfreut sich großer Beliebtheit.

Wieso verteilt ein Hase die Eier?

Hierzu gibt es verschiedenste Ideen und Spekulationen. So lässt sich u. a. schlussfolgern, dass das Erwachen der Natur und die Fruchtbarkeit insbesondere der Hasen in der österlichen Zeit die kleinen niedlichen Tiere früher allgegenwärtig erscheinen ließen. Sie vermehrten sich stark und hoppelten durch die Gärten der Menschen. Da die Eltern die bunt gefärbten Eier für ihre Kinder draußen zu verstecken pflegten, lag der Gedanke nahe, sie seien von einem der zur Frühjahrszeit aktiven Hasen dort hingelegt worden. Der Hase ist wie das Ei Symbol für das neue fruchtbare Leben, und so kombinierte man die beiden zum Osterhasenbrauch. Da Geschichten dieser Art nicht nur bei Kindern beliebt waren, setzte sich bis heute die traditionelle Behauptung durch, der Hase würde zu Ostern bunt bemalte Eier für Kinder verstecken.

Die Entstehungszeit des Brauchtums im Jahrhundert der Reformation lässt zudem vermuten, der Brauch sei im protestantischen Teil der Gesellschaft aufgekommen, um sich vom Brauchtum der Katholiken zu unterscheiden. Ebenso hält sich die Vermutung, der Hase sei zufällig in einer Bäckerei als Ostersymbol erkoren worden, weil einem Bäcker ein Brot in Form eines Osterlammes misslang und stattdessen die Form eines Hasen hatte. Solche und viele weitere Thesen über den Osterhasen gibt es, keine ist aber wissenschaftlich belegt.

 OSTERN

Gewürzeier

Diese würzigen Ostereier sind nicht nur ein schönes Geschenk, sondern finden ihren Platz auch in einer dekorativen Duftschale.

Dazu benötigt ihr lediglich:

weiße und braune Eier
(gekocht oder ausgeblasen)
Alleskleber
Bleistift
verschieden Gewürze:
Zimt
Curry
Senfkörner
Lorbeeren
Koriandersamen
einen Teller zum Wenden der Eier
in den Gewürzen

Und so geht's:

Entweder bestreicht ihr das ganze Ei mit Kleber oder ihr denkt euch Motive aus, die ihr mit Kleber auf die Eier malt. Ihr könnt die Motive auf vorher mit Bleistift auf das Ei malen und dann mit Kleber nachfahren. Das Ei dann im Teller mit den entsprechenden Gewürzen rollen, damit sie am Kleber haften.

Kleiner Tipp: Wenn ihr mehrere Gewürze auf ein Ei auftragen wollt, lasst am besten die erste Schicht trocknen. Wer's besonders bunt mag, kann auch farbigen Dekosand verwenden.

Die falschen Eier

Jule wohnte auf dem Land. Ihre Eltern arbeiteten als Wirtschafterpaar auf einem großen Gutshof nahe der Küste. Auf dem Hof lebten zahlreiche Tiere: zwei Pferde, ein Dutzend Schweine, zwanzig Schafe, eine Ziege, ein großer Hund – und neuerdings sollten auch noch Hühner einziehen. Das war eine Idee des Gutsherrn. Jule nannte ihn nur Onkel Erich.

„Als ich noch ein Kind war, hatten wir immer Hühner", erklärte er Jule und ihren Eltern. „Und morgens hat uns der Hahn wachgekräht. Dann ging meine Mutter in den Stall hinaus und sammelte die frischen Eier für unser Frühstück. Das vermisse ich. Ich möchte wieder frische Hühnereier zum Frühstück bekommen."

„Au ja!", rief Jule begeistert. „Dann haben wir zu Ostern richtige, echte Küken!"

Jules Eltern verstanden den Wunsch des alten Mannes natürlich. Er war über siebzig Jahre alt und konnte sich seit einigen Jahren nicht mehr besonders gut um den Hof kümmern. Er hatte keine Familie, die ihn bei der Arbeit unterstützen konnte. Hin und wieder halfen ihm die Bauern aus der Nachbarschaft dabei, seine Felder zu bestellen. Doch ihre Zeit war knapp, denn sie mussten sich auch um ihre Höfe kümmern. Deshalb hatte der alte Gutsherr vor ein paar Wochen Jules Eltern eingestellt. Sie sollten sich um den Hof und die Tiere kümmern. Das war eine Menge Arbeit.

Jeden Tag mussten sie Ställe ausmisten und den Hof fegen. Die Tiere wollten gefüttert, die Wiesen vor dem Haus gemäht und die Obstbäume gepflegt werden. Auf den Feldern, die zu dem Gutshof gehörten, sollten sie neuen Weizen aussäen. Und dann gab es noch ein großes Gemüsebeet, in dem der Gutsherr seit Jahren Tomaten, Kartoffeln, Bohnen und Kohlrabi zog. Auch am Gutshaus gab es eine Menge zu reparieren.

„Und jetzt auch noch Hühner!", stöhnte Jules Mutter. „Wie sollen wir das denn noch schaffen?"

„Indem wir es anpacken", sagte Vater und ging direkt an die Arbeit. Er suchte sich im Schuppen alte Bretter und Stangen zusammen, holte seinen Werkzeugkasten und zimmerte einen Hühnerstall. Er war gerade groß genug, dass Jule darin aufrecht stehen konnte. Vater und Mutter würden sich bücken müssen, um hineinzugehen.

„Für mehr reicht das Holz nicht", erklärte Vater. „Der kleine Stall genügt erst einmal. Die Hühner sollen sowieso draußen herumlaufen."

„Aber laufen die dann nicht weg?", fragte Jule.

„Das können wir verhindern", antwortete Vater. „Ich habe im Schuppen noch einen Rest Drahtzaun gesehen. Damit können wir ein Freilaufgehege für die Hühner einkreisen."

Jule half ihm dabei. Sie war froh, dass sie jetzt mit

ihren Eltern auf dem Land lebte, denn sie wollte immer schon Tiere um sich herum haben. Mit dem Hofhund hatte sie bereits an ersten Tag Freundschaft geschlossen und der Geruch der Schweine störte sie mittlerweile auch nicht mehr. Und Thilo, der Junge vom Nachbarhof, bot an, ihr am Wochenende eine erste Reitstunde zu geben.

„So", sagte Vater, als der Zaun fertig war, „jetzt können die Hühner kommen."

„Wir müssen ihnen noch einen schönen Platz für ihre Nester machen", meinte Jule. „Schön weich, damit die Eier nicht kaputtgehen."

„Wenn du meinst", sagte Vater, „Aber woraus?"

„Ich hab eine Idee", rief Jule. Sie rannte hinüber zum Pferdestall und kam kurz darauf mit einem kleinen Ballen Stroh zurück. Vater und sie drapierten das Stroh auf dem Boden im Hühnerstall.

„Das ist prima", stellte Jule fest. „Jetzt können die Hühner sogar auf der Stange sitzen und die Eier einfach in das Stroh plumpsen lassen!"

Vater nickte. „Meinetwegen. Sag mal, Jule", überlegte er. „Was hältst du davon, wenn du dich ganz allein um die Hühner kümmerst? Das wäre doch eine tolle Herausforderung. Du kannst dich mit deiner Größe sowieso besser im Stall bewegen. Und Mutter und mir würdest du eine Menge Arbeit abnehmen."

„Ich?", fragte Jule. „Ich darf ganz allein für die ihner sorgen?"

„Natürlich", meinte Papa. „Und wenn du mal nicht weiter weißt, fragst du einfach unseren Gutsherrn, der kennt sich schließlich aus."

Jule war ganz aufgeregt, dass sie nun eigene Tiere bekam. Sie lief sofort zum Nachbarhof hinüber, um es Thilo zu erzählen. „Was ist daran schon Besonderes?", fragte der. „Sind doch bloß Hühner. Ich hab schon einmal ein richtiges Kalb großgezogen, das ist eine Menge Arbeit, sag ich dir. Es hat Tage gedauert, bis ich es an das Fläschchen gewöhnt hatte, und später ist es mir überallhin nachgelaufen."

„Meine Hühner werden mir auch nachlaufen", sagte Jule im Brustton der Überzeugung. „Wollen wir wetten?"

„Das will ich sehen", sagte Thilo.

„Du wirst es schon erleben!"

Am nächsten Tag fuhr sie mit Vater und dem Gutsherrn auf den Viehmarkt ins Dorf. Der alte Mann wollte es sich nicht nehmen lassen, die Hühner selbst auszusuchen.

„Beim Hühnerkauf kann man viel falsch machen", erklärte er. „Wenn man ein krankes Huhn dazwischen hat, steckt es alle anderen an. Und wenn die Hennen schon etwas älter sind, legen sie weniger Eier."

Vater und Onkel Erich suchten sechs junge Hennen aus. Der Verkäufer setzte die aufgeregten Vögel in einen großen Korb und deckte ihn mit einer schweren Wolldecke zu.

„Damit sie nicht frieren?", fragte Jule.

Der Verkäufer lachte. „Die frieren nicht mit ihrem dichten Gefieder. Die Decke ist dafür da, dass sie euch nicht ausbüxen."

Vater nahm den Korb. „Mann, der ist ja richtig schwer", stöhnte er. „Ich hab mir das Federvieh viel leichter vorgestellt."

„Ja, da kann man sich leicht verschätzen", sagte der Verkäufer. „So ein Huhn kann bis zu fünf Kilo wiegen."

„Die hier bestimmt", sagte Vater. „Na, dann wollen wir ihnen mal ihre neue Heimat zeigen."

„Kaufen wir denn keinen Hahn?", fragte Jule enttäuscht. Sie wusste nämlich, dass Hühner nur Nachwuchs ausbrüten konnten, wenn auch ein Hahn bei ihnen lebte.

„Selbstverständlich!", rief der Gutsherr. „Ich will doch mein morgendliches ‚Kikeriki' hören. Und du möchtest ja sicher ein paar flauschige kleine Küken bekommen, nicht wahr?"

Jule nickte. „Unbedingt!"

„Aber einer langt", bremste Vater die Begeisterung der beiden. „Sonst gibt es zu viel Tumult im Hühnerstall."

„Keine Sorge", sagte Onkel Erich. „Ich will ja auch keine Revierkämpfe auf dem Hof."

„Revierkämpfe?", fragte Jule. „Was ist das denn?"

„Wenn man mehrere Hähne in einer Hühnerschar hat, prügeln die Männer sich um die Weibchen", erklärte ihr der Gutsherr.

Sie gingen einen Stand weiter und begutachteten die ausgestellten Hähne.

„Donnerwetter, so viele verschiedene Gockel hab ich ja noch nie gesehen", staunte Vater. „Was für einen nehmen wir denn da? Den kleinen Weißen da drüben? Oder lieber den großen Bunten mit dem riesigen Kamm?"

„Ich bin für den da", sagte Jule und zeigte auf einen mittelgroßen bunten Hahn mit wunderschönem grünblauen, sichelförmigen Schwanz.

Der Gutsherr ließ sich das Tier geben und untersuchte es gründlich. Der Hahn gurrte nervös und versuchte, sich aus dem Griff des alten Mannes zu befreien. Doch der hielt ihn gut fest und betrachtete ihn von allen Seiten. „Eine gute Wahl", lobte er schließlich. „Die junge Dame hat ein Auge für Qualität. Wir nehmen ihn."

Der Verkäufer nahm den Hahn und steckte ihn in einen kleinen tragbaren Käfig. „Mit diesem Hahn werden deine Hennen ihre Freude haben", sagte er zu Jule und zwinkerte ihr zu, als er ihr den Käfig übergab. Jule grinste verlegen.

 OSTERN

Sie kauften noch einen großen Sack Körnerfutter, dann machten sie sich auf den Heimweg.

Zurück auf dem Hof lief Jule gleich mit dem Käfig unter dem Arm zum Hühnergehege hinüber. „Wen setzen wir denn zuerst rein, die Hennen oder den Hahn?" „Lass zuerst die Hennen ihr Gelände erkunden", sagte der alte Gutsherr. „Der Hahn bringt dann noch genug Unruhe hinein. Wir sperren ihn am besten noch einen Augenblick in den Schuppen." Er öffnete die Gattertür zum Freigehege und stellte den Korb mit den Hühnern hinein. „So, dann lass sie mal raus", forderte Onkel Erich Jule auf. „Ich bringe derweil den Hahn in den Schuppen."

„Tja, äh, ich muss dann auch mal nach den Schweinen sehen", sagte Vater und ging ebenfalls weg. Und schon war Jule allein mit den Hühnern. Ehrfürchtig trat sie an den Korb heran und lüftete die Decke. Da saßen die sechs Hennen ängstlich aneinander gedrückt. Vorsichtig nahm sie ein Huhn nach dem anderen heraus und setzte es auf dem Boden ab. Die Hühner liefen eine Weile aufgeregt gackernd kreuz und quer über den Hof und scharrten überall mit ihren Füßen den Boden auf. Sie pickten nach Würmern. Offenbar hatten sie Hunger. Jule borgte sich einen der vielen Hundefutternäpfe, die auf dem Hof verteilt standen. Der Hund würde schon Verständnis dafür haben. Sie wusch den Napf aus und füllte ihn mit Körnern. Dann stellte sie ihn in das Hühnerhaus auf das ausgelegte Stroh. Daneben setzte sie eine flache Schale mit Wasser, falls die Hühner Durst bekämen. Anschließend hockte sie sich auf einen großen Stein, der mitten im Gehege lag, und beobachtete die Hühner. Keines von ihnen traute sich in den Hühnerstall hinein.

„Na, wie läuft es?", fragte Thilo, als er eine Weile später herüberkam, um sich Jules neue Zöglinge anzuschauen.

„Ich habe Futter in das Hühnerhaus gestellt, aber sie trauen sich nicht hinein."

„Ach, das gibt sich schon", tröstete Thilo. „Wirst schon sehen, spätestens, wenn es anfängt zu regnen, werden sie hineingehen und Schutz suchen. Aber du kannst auch ruhig ein bisschen Futter auf den Boden streuen, das suchen die sich dann schon. Hast du eigentlich gar keinen Hahn?"

„Ach du meine Güte, den hab ich ja ganz vergessen!", rief Jule erschrocken. „Ich laufe schnell in den Schuppen und hole ihn." Und schon sauste sie davon. Thilo rannte hinterher.

„Hier, das ist er", sagte Jule und in ihrer Stimme lag sogar ein wenig Stolz. „Den habe ich ganz alleine ausgesucht. Onkel Erich sagt, es ist ein guter Hahn."

„Ja, der schaut wirklich nicht schlecht aus", meinte Thilo anerkennend. „Hast du ihn denn schon krähen gehört?"

„Nein, bisher war er ganz still. Aber morgen früh macht er ganz bestimmt einen Riesenlärm."

Der Hahn war ein wenig beleidigt, weil man ihn so lange im dunklen Schuppen gelassen hatte. Als Jule den Käfig hochnahm, pickte er sie zur Strafe in den Finger. Vor Schreck rutschte ihr der Käfig beinahe wieder aus der Hand.

„Na, hör mal!", rief sie empört. „Du bist ja ein frecher Hahn!"

„Hey, hey, langsam", rief Thilo, „lass ihn nicht fallen."

„Ich pass schon auf", erwiderte Jule. „Ist schließlich mein Hahn."

Thilo hielt ihr die Tür vom Schuppen auf und lief dann neben ihr her zum Hühnergehege, um ihr auch da das Gatter aufzuhalten.

Vorsichtig brachte Jule den Käfig mit dem vorlauten Gockel in das Hühnergehege. Sogleich wurde es laut unter den Hennen. Die Anwesenheit des Gockels machte sie nervös.

Jule wurde skeptisch. „Vielleicht sollte ich ihn doch noch im Schuppen lassen, bis die Hühner sich richtig eingewöhnt haben."

„Ach was, jetzt oder nie", meinte Thilo. „Irgendwann muss er seine Frauen ja kennen lernen und Ordnung in den Hühnerstall bringen."

Die Kinder öffneten vorsichtig den Käfig. Andauernd versuchte der Hahn, sie in die Finger zu picken, aber Thilo und Jule passten gut auf. Kaum hatten sie die Käfigtür aufgemacht, flatterte der Hahn hinaus in das Gehege und lief ein paar Meter von den Kindern weg. Dann schaute er sich hektisch mit dem Kopf hin und her zuckend im Gehege um. Die Hennen zogen sich in eine Ecke am Zaun zurück und gackerten aufgeregt vor sich hin.

„Hör mal, die lästern schon", kicherte Jule.

„Quatsch, die bewundern ihn", meinte Thilo.

Der Hahn stellte seinen Kamm und seinen Schwanz auf und begann, vor den Hennen herumzustolzieren. Dabei begutachtete er sie ganz genau und passte auf, dass keine aus der Ecke davonlief.

„Ich glaube, die werden sich schnell aneinander gewöhnen", meinte Thilo. „Jedenfalls hat der Mann schon das Kommando übernommen."

Tatsächlich wurden die Gutsbewohner bereits am nächsten Morgen beim Frühstück mit einem kräftigen, schallenden „Kikeriki" erfreut.

„Hast du gehört?", fragte Onkel Erich Jule lächelnd. „Dein Hahn markiert sein Revier!"

In Windeseile sauste Jule zum Hühnergehege hinunter. Da stand der Hahn auf dem großen Stein und krähte fröhlich und stolz in die Runde. Die

OSTERN

Hühner saßen zum Teil im Stall auf der Stange, zum Teil liefen sie im Gehege herum und pickten nach Körnern.

Zwei Tage später konnte Jule die ersten Eier im Hühnerstall einsammeln. „Siehst du, was für gute Hühner wir gekauft haben", sagte sie zu ihrer Mutter. „Jetzt freust du dich doch auch, dass wir so schöne Frühstückseier haben, oder?"

Mutter nickte. „Außerdem es ist toll, dass du dich ganz allein um die Hühner kümmerst", sagte sie.

„Und ich freu mich auf einen schönen Hühnerbraten zu Ostern", bemerkte Vater und zwinkerte Mutter zu. Jule überhörte das. Von ihr aus konnte Vater so viel Hühnerfleisch essen, wie er wollte – ihre Hühner jedenfalls bekam er bestimmt nicht.

In den nächsten Tagen stellte sich schnell heraus, welche Hennen dem Hahn am besten gefielen. Es waren die beiden Größten mit dem feinsten Gefieder. Der Hahn war die ganze Zeit um sie herum. „Du musst das Gehege ein wenig aufteilen, damit die beiden mit dem Brüten anfangen können und nicht von den anderen gestört werden", erklärte der Gutsherr. „Die Eier von den anderen Hennen nimmst du weiterhin jeden Tag weg, dann legen sie fleißig weiter."

Jule tat, wie Onkel Erich es ihr sagte. Vater half ihr, eine Ecke des Geheges für den Hahn und seine beiden Lieblingshennen abzutrennen. Jeden Morgen ging sie ins Hühnerhaus und sammelte die Eier von den übrigen Hühnern ein. Es dauerte ein paar Tage, dann fingen die anderen beiden Hennen tatsächlich an zu brüten.

Eines Tages aber machte sie eine überraschende Entdeckung: Im Stroh in einer Ecke im Hühnerhaus lagen bunt gefleckte Eier. Sie waren viel kleiner als die Eier, die sie normalerweise im Stall fand. Jule hatte solche Eier noch nie gesehen. Sie erzählte Thilo davon. Auch er hatte keine Ahnung, was mit den Eiern los war.

„Vielleicht war der Osterhase dieses Jahr etwas früher bei euch", alberte er herum.

„Haha."

„Oder eines deiner Hühner ist eine besondere Rasse. Ich hab mal gehört, dass es Hühner geben soll, die rote Eier legen", vermutete Thilo weiter.

„Sei nicht albern. Außerdem sind die Eier nicht rot, sondern bunt gesprenkelt und viel kleiner als die anderen. Kannst du sie dir nicht einmal ansehen? Bitte."

Also kam Thilo mit rüber zu dem Hühnerstall und bestaunte die bunten Minieier.

„Vielleicht ist eine der Hennen krank", überlegte er, „Irgendwie sehen die Eier krank aus."
Jule bekam Angst. Vater hatte gesagt, wenn die Vögel krank sind, müssen sie alle getötet werden, weil man nicht weiß, welche schon angesteckt sind und welche nicht. Was, wenn man nun all ihre Hühner töten würde? Gerade jetzt, wo es nur noch wenige Tage dauern konnte, bis die beiden brütenden Hennen Nachwuchs bekamen? Jule freute sich doch schon so auf die kleinen flauschigen Küken.
Thilo und Jule betrachteten die Hennen. „Sie sehen eigentlich ganz gesund aus", stellte Jule fest.
„Aber die Eier nicht", meinte Thilo.
„Ich werde sie einfach wegnehmen und niemandem etwas davon erzählen", meinte Jule. „Sonst sind meine Hühner in Gefahr."
„Aber du musst es doch dem Gutsherrn sagen", meinte Thilo. „Immerhin ist es sein Hof, und wenn hier kranke Tiere herumlaufen …"
„Hier sind keine kranken Tiere, nur kranke Eier. Ich verstecke sie irgendwo und untersuche die Hennen jeden Tag, und wenn sie auch nur das geringste Zeichen von Krankheit aufweisen, sage ich Onkel Erich Bescheid. Er wird dann schon wissen, was zu tun ist."
„Und wenn du dich ansteckst?", fragte Thilo. „Was ist dann?"
„Ach Quatsch", meinte Jule, „ich bekomme doch keine Hühnerkrankheit. Und du musst mir versprechen, dass du es keiner Menschenseele verrätst! Niemandem, hörst du?"
„Okay", gab Thilo nach. „Aber versprich mir dafür, dass du vorsichtig bist mit den kranken Eiern."
Jule nickte. Sie sammelte die winzigen Eier in ihr Stofftaschentuch und steckte sie in die Tasche ihrer Schürze. Dann nahm sie die gesund aussehenden Eier, brachte sie ins Haus und ging auf ihr Zimmer, um sich umzuziehen. Ihre Schürze mit den kranken Eiern hängte sie an ihren Garderobenständer.
Den ganzen Tag über verbrachte sie mit ihrer Mutter bei den Gemüsebeeten. Mutter wollte die Beete zum bevorstehenden Osterfest in Ordnung bringen.
„Was meinst du", fragte Jule ihre Mutter, „ob meine Küken es wohl schaffen, zu Ostern zu schlüpfen?"
„Ich weiß nicht", antwortete Mutter. „Ostern ist ja schon in ein paar Tagen."
Jule schaute hinüber zum Hühnergehege. Die beiden brütenden Hennen zeigten keinerlei Anzeichen dafür, dass sich etwas in ihrem Gelege rührte. Zum Glück machte auch keines der Hühner einen kranken Eindruck. Jule beschloss, Onkel Erich bei Gelegenheit auf bunte Eier anzusprechen. Könnte ja sein, dass so etwas jedem Huhn mal passierte.
Am Abend gingen Jule und Thilo zu dem alten Gutsherrn, um ihn bei einer Runde Mensch-ärgere-

dich-nicht ganz nebenbei über bunte Hühnereier auszufragen. Der alte Mann freute sich über seine junge Gesellschaft. Während des Spiels überlegten die Kinder angestrengt, wie sie es ihm am schonendsten beibringen könnten, dass auf seinem Hof eventuell kranke Tiere waren. Schließlich nahm Jule all ihren Mut zusammen und erzählte dem alten Mann von ihrer Entdeckung.

„Nun macht euch mal keine Sorgen", tröstete er das aufgeregte Mädchen. „Ich glaube nicht, dass eine deiner Hennen krank ist", sagte er. „Komm, wir sehen sie uns einmal an. Vielleicht war eines der Hühner nicht ganz reinrassig, dann kann es mal vorkommen, dass die Eier anders aussehen."

Der alte Mann und das Mädchen sagten ihren Eltern Bescheid und dann gingen alle gemeinsam zum Hühnerstall. „Die Hühner scheinen alle in Ordnung zu sein", sagte der Gutsherr, nachdem er sie einzeln untersucht hatte. „Wo hast du die Eier?"

„Oben in meinem Zimmer in meiner Schürze", antwortete Jule.

„Also los, schauen wir uns die merkwürdigen Ostereier einmal an", sagte Vater und zwinkerte Jule aufmunternd zu. Jule lief voraus, die anderen folgten ihr. Doch als sie in ihrem Zimmer nach der Schürze griff, erlebte sie eine große Überraschung. Die Schürze bewegte sich. Ein leises Piepen verriet die Ursache.

„Da ist etwas geschlüpft!", rief Thilo. „Aus den bunten Eiern ist etwas geschlüpft!"

Vorsichtig griff Vater in die große Tasche der Schürze und förderte eine Hand voll winziger piepender Küken zu Tage.

„Wie niedlich!", riefen die Kinder wie aus einem Mund.

„Sind die klein!", sagte Mutter. „Das können doch unmöglich Hühnerküken sein!"

„Die sind auch gar nicht gelb!", stellte Thilo fest.

„Sind die kleinen Küken krank?", fragte Jule. „Müssen sie sterben?"

Onkel Erich fing an zu lachen. „Die Küken sind kerngesund! Weißt du, was sie sind? Das sind Wachteln! Du hast in deiner Schürze kleine Wachteleier ausgebrütet. Wahrscheinlich hat euer schönes Hühnerhaus einer Wachtelhenne so gut gefallen, dass sie ihre Eier dort hineingelegt hat."

Nun atmeten alle erleichtert auf.

„Was genau ist eine Wachtel?", fragte Thilo.

„Das ist eine wilde Vogelart aus derselben Familie wie die Hühner. Ihre Eier sind klein und bunt gesprenkelt. Ich hätte eigentlich gleich darauf kommen müssen, als ihr von den bunten Eiern erzählt habt."

„Na, siehst du, Jule", meinte Mutter, „jetzt hast du ja doch noch pünktlich zu Ostern deine Küken bekommen!"

  OSTERN

Spiegeleierkuchen

Zwischen festlichen Torten und traditionellen Kuchen – überrascht eure Gäste mit einer außergewöhnlichen Kuchenvariation! Fruchtig, leicht und witzig anzuschauen.

Dazu braucht ihr

... für den Teig
300 g Weizenmehl
300 g Margarine
250 g Zucker
6 Eier
3 TL Backpulver
1 Fl. Zitronenaroma

... für den Belag
1 Packung Vanillepuddingpulver zum Kochen
400 ml Milch
150 – 200 g Crème Fraîche
1 Dose Aprikosen
1 Packung Tortenguss klar

Und so wird's gemacht:

Beginne mit dem Kochen des Vanillepuddings. Das Puddingpulver mit 400 ml Milch aufkochen. Nach dem Abkühlen die Masse mit der Crème Fraîche glatt rühren und kaltstellen.

Nun für den Teig Margarine, Zucker, Eier schaumig rühren und mit Zitronenaroma, Mehl und Backpulver vermischen. Den Teig auf ein mit Backpapier belegtes Blech streichen und bei 175 °C/Umluft 150 °C etwa 15 bis 20 Minuten goldgelb backen.

Die abgekühlte Vanillemasse in handtellergroßen Klecksen auf dem abgekühlten Kuchen verteilen.

Danach die abgetropften Aprikosenhälften als Eidotter auf die Kleckse legen.

Anschließend den Tortenguss mit der Abtropfflüssigkeit der Aprikosen aufkochen und darüber geben.

 OSTERN

Klein Häschen wollt' spazieren geh'n

1. Klein Hä-schen wollt spa - zieren geh'n, spa - zie - ren ganz al - lein, da —

hat's das Bäch - lein nicht ge - seh'n und plumps fiel es hi - nein.

Das Bächlein lief dem Tale zu,
dort wo die Mühle steht,
dort wo sich ohne Rast und Ruh'
das große Mühlrad dreht.

Gar langsam drehte sich das Rad,
drauf sprang der kleine Has',
und als er oben angelangt,
sprang er hinab ins Gras.

Klein Häschen lief gar schnell nach Haus',
vorbei ist die Gefahr,
die Mutti klopft' ihm's Fellchen aus,
bis dass es trocken war.

Volksweise

 OSTERN

Lieder vom Osterhasen

1. Der Has in dem Gar-ten legt je-dem ein Ei
und kannst du hübsch war-ten, dann legt er auch zwei ein ro-tes, ein

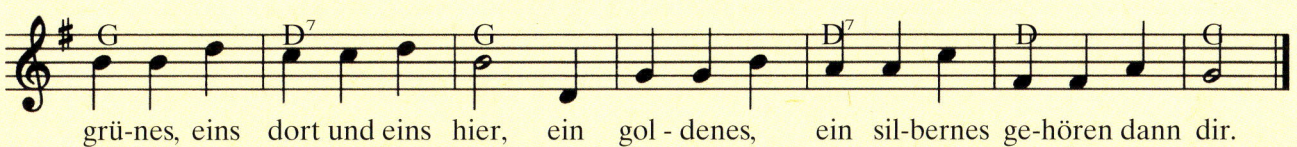

grü-nes, eins dort und eins hier, ein gol-denes, ein sil-bernes ge-hören dann dir.

Der Osterhase hat über Nacht
zwölf Eier in unseren Garten gebracht.
Eins legte er unter die Gartenbank,
drei in das grüne Efeugerank,
vier in das Hyazinthenbeet,
drei, wo die weiße Narzisse steht;
eins legte er auf den Apfelbaummast;
da hat sicher die Katze mit angefasst.

Osterhäschen, groß und klein,
tummeln sich am Wiesenhain,
müssen tanzen, hopsen und lachen
und mitunter Männchen machen.
Heute wollen wir noch springen
und den Kindern Eier bringen:
rote, gelbe, braune, graue,
bunte, grüne, himmelblaue.
Keiner kriegt was, der uns sieht:
Das ist unser Hasenlied.

Melodie von Im Märzen der Bauer
Autor, Melodie unbekannt

Serviettenringe

Ob zum Osterbrunch oder beim Nachmittagskaffee, diese selbst gemachte Tischdekoration verleiht der schlichtesten Serviette einen ganz besonderen Auftritt.

Dazu braucht ihr:

- Transparentpapier
- Beliebigen Karton
- Bleistift
- Schere
- Doppelseitiges Klebeband
- Klebstoff
- Leere Küchenkrepprolle
- Stoffreste
- Stoffspitze oder Bordürenrest (für das Ei)
- Satinband oder Geschenkbandreste (für den Hasen)
- Papierkrepp

Bastelvorlage im Anhang auf S. 134

Und so wird's gemacht:

Fertigt euch zuerst eine Schablone an. Übertragt dazu das Ei und das Hasenmotiv auf das Transparentpapier. Klebt es auf Karton und schneidet alles aus. Das jeweils kleinere Motivbild bildet den Kern der Tischdekoration und soll mit dem Stoff umklebt werden. Schneidet es dazu aus festem Karton aus. Die etwa 1,5 cm größere Schablone legt ihr spiegelverkehrt auf den Stoff eurer Wahl, zeichnet sie ab und schneidet sie ebenfalls aus. Befestigt den Stoff mit doppelseitigem Klebeband auf der Vorderseite des Eis bzw. des Hasen. Eine kleine Stoffzugabe am Rand ermöglicht nun ein leichteres Ziehen über die Pappkanten. Klebt alles auf der Rückseite fest. Verziert die Ei-Vorderseite mit Spitze und bindet dem Hasen eine kleine Schleife um.

Um die Serviettenringe zu verschönern, umwickelt ihr sie mit farbigem Papierkrepp. Schneidet dazu die Küchenrollen in 3–4 cm kurze Stücke. Den Ring mit farbigem Krepp umwickeln und Anfang und Ende jeweils mit doppelseitigem Klebeband fixieren. Nun geht es ganz schnell. Nur noch mit dem Doppelklebeband eure Figuren auf den farbigen Serviettenringen befestigen und der Tisch kann gedeckt werden.

 OSTERN

Aufregung im Ostercamp

Mattis war aufgeregt. Seine Eltern hatten ihn und seine kleine Schwester Jenni beim Osterferiencamp angemeldet. Zehn Tage würden sie mit über vierzig anderen Kindern in einem Ferienhaus im Bayrischen Wald verbringen.

Schon bei der Abreise ging es turbulent zu. Dutzende Kinder stürmten auf dem großen Parkplatz hin und her, begrüßten sich und suchten ihr Gepäck zusammen. Mattis und Jenni standen etwas abseits und beobachteten die anderen, während die Eltern sich mit dem Campleiter Olaf Jansen unterhielten. Der winkte einen etwa zwölfjährigen Jungen zu sich heran und wies auf Mattis und Jenni. Der Junge hatte wuscheliges rotes Haar und sein Gesicht war mit Sommersprossen bedeckt. Jetzt kam er zu den Geschwistern herüber.

„Hallo", sagte er, „ich bin Philipp, aber man nennt mich Pippi, weil ich so rote Haare habe wie Pippi Langstrumpf. Ich soll mich um euch kümmern, weil ihr neu seid. Am besten, wir verladen erst mal euer Gepäck – ist es das hier? Donnerwetter, was habt ihr denn damit vor?", fragte er und wies auf einen riesigen Schrankkoffer, den jemand neben Jenni abgestellt hatte. „Da passt ja eine ganze Familie rein. Oder habt ihr etwa ein Haustier mitgebracht? Tiere sind im Camp nicht erlaubt. Seht ihr den Jungen da mit dem Pferdeschwanz, der ganz in schwarz gekleidet ist? Das ist Jan, ein echter Freak. Der hatte letztes Jahr seine Ratte ins Camp geschmuggelt, das gab vielleicht ein Geschrei, als die in den Mädchentrakt hinübergelaufen ist. Mädchen und Jungen schlafen im Haus nämlich getrennt." Die Worte sprudelten nur so aus dem Jungen heraus.

„Unser Gepäck ist das hier", sagte Mattis, als Pippi einen Augenblick Luft holte. Er zeigte auf zwei bunte Reisetaschen. „Wo soll es hin?"

„Kommt mit", sagte Pippi und ergriff eine der Taschen. Dann lief er hinüber zu dem Bus, wo der Fahrer die Gepäckstücke in den Gepäckraum schob. Die Jungen reichten ihm die Taschen.

„Reisetaschen kommen zuletzt, ganz obenauf, damit sie nicht zerdrückt werden", erklärte der Fahrer den Kindern. „Erst die Koffer." Er winkte einem kleinen schmächtigen Mann. Der nickte und schob den schweren Schrankkoffer auf den Bus zu. Der Koffer war beinahe größer als der Mann selber.

„Geben Sie her, ich mach das", meinte der Busfahrer und wuchtete den Koffer in den Gepäckraum.

„Wer um Himmels willen hat denn so viel Gepäck?", fragte Pippi den Mann.

Der Mann stöhnte: „Meine Frau wollte die Sachen von unseren Kindern alle in einem Gepäckstück

 OSTERN

unterbringen. Sie hat nicht daran gedacht, dass irgendwer den Koffer auch noch tragen muss."

„Wie viele Kinder haben Sie denn?", fragte Mattis neugierig.

„Vier. Aber es fahren nur drei mit. Jakob ist schon im letzten Jahr dabei gewesen – da drüben steht er. Und in diesem Jahr kommen auch seine Schwestern mit."

„Der Jacky ist dabei? Au prima!", rief Pippi. „Komm, wir gehen rüber zu ihm", sagte er zu Mattis und zog ihn hinter sich her. Jenni konnte kaum mit den Jungen Schritt halten.

„Hallo Jacky, wie geht's?", rief Pippi. „Super, dass du wieder mitfährst! Das hier sind Mattis und seine Schwester Jenni."

„Du Armer musst auch den Babysitter spielen?", fragte Jacky mit Blick auf Jenni. „Na, wenigstens hast du nur einen Zwerg dabei. Bei mir sind es gleich zwei. Zwillinge – die nerven ganz schön."

„Jenni ist eigentlich ganz in Ordnung", verteidigte Mattis seine Schwester.

„In zehn Minuten ist Abfahrt", rief Olaf Jansen über den Platz. „Verabschiedet euch!"

„Komm, wir suchen uns einen Platz hinten im Bus", meinte Jacky und deutete Mattis und Pippi an, ihm zu folgen. „Dann bekommt keiner mit, wenn wir was anstellen. Je weiter hinten man sitzt, desto besser. Die Betreuer sitzen nämlich alle vorn."

„Wie viele gibt es denn?", fragte Mattis.

„Außer Olaf noch sechs, drei für die Mädchen und drei für uns Jungen. Alle so um die achtzehn Jahre alt", klärte Pippi ihn auf, während sie in den Bus kletterten.

Jenni zupfte ihren großen Bruder am Ärmel.

„Ich kann nicht hinten sitzen. Hinten wird mir schlecht", piepste sie.

„Kleine Kinder müssen sowieso vorne sitzen", behauptete Jacky. „Am besten, du suchst dir einen Platz in der ersten Reihe, da gibt es auch Spucktüten."

„Ich will keine Spucktüte", fing das Mädchen an zu jammern.

„Schau, Mama winkt uns", unterbrach Mattis. „Komm, wir gehen mal eben ‚tschüss' sagen."

Er nahm Jenni an die Hand und entschuldigte sich bei den Jungen. „Haltet mir einen Platz frei, ja?"

Als die Eltern sich verabschiedet hatten, klammerte Jenni sich an Mattis fest und schluchzte. Eine der Betreuerinnen kam herüber. „Hallo, ich bin Claudia", sagte sie. „Du musst die Jenni sein, du gehörst zu meiner Gruppe. Am besten, du hältst dich an Alina, die ist in deinem Alter und kennt sich aus. Das Mädchen da drüben mit den blonden Zöpfen ist sie. Komm, wir gehen rüber und fragen, ob du neben ihr sitzen darfst."
Ängstlich ging das kleine Mädchen mit Claudia hinüber zu den anderen Achtjährigen. Die Mädchen waren genauso aufgeschlossen wie Pippi und Jacky. Vor allem Alina und die Zwillinge redeten sofort auf Jenni ein.
Die Betreuer prüften die Teilnehmerlisten, bis klar war, dass alle Kinder an Bord waren.
„Wer hat Lust aufs Ostercamp?", brüllte Olaf durch den Bus und die Kinder schrien zurück: „Wir! Wir!"
„Dann los!", rief Olaf und der Bus setzte sich in Bewegung.
Es war eine lange Fahrt. Fast fünf Stunden dauerte sie. Zwischendurch gab es eine Pause, in der die Kinder ihren Reiseproviant aßen. Endlich, nachdem sie eine endlos scheinende Bergstraße überwunden hatten, hielt der Bus vor dem Ferienhaus, in dem sie die nächsten zehn Tage verbringen würden. Die Kinder sprangen hinaus und stürmten auf das Gebäude zu. Olaf Jansen mahnte: „Alle Zimmer und Betten sind gleich gut, ihr braucht also nicht zu rennen. Geht die Treppe hinauf in den ersten Stock. Die Zimmer für die Jungen sind den linken Gang hinunter, die Mädchenzimmer liegen am rechten Gang.
Es teilen sich immer sechs Kinder einen Raum. Los. Aber langsam!"

Natürlich wurde seine Mahnung überhört. Kaum hatte er die Tür aufgeschlossen, stürmten die Kinder die Treppe hinauf in den ersten Stock, wo sie unter einem Riesenradau die Zimmer untereinander aufteilten, bis alle einen Schlafplatz hatten. Mattis hatte Glück, Pippi und Jacky nahmen ihn in ihr Zimmer auf. Jenni bekam einen Platz bei den Zwillingen.
Vor dem Abendessen im großen Speisesaal im Nebengebäude nutzte Mattis die Zeit, sich ein wenig im Camp umzusehen. Das Gebäude war sehr groß. Im Erdgeschoss befanden sich ein riesiger Hobbyraum mit mehreren Tischtennisplatten und einer Leseecke. Das zweite Stockwerk beherbergte die Betreuerzim-

mer und im Nebengebäude lagen Küche und Speisesaal. Das Ferienhaus selbst stand auf einer Anhöhe. Ringsherum sah man Wald und Berge. In der Ferne konnte man einen Gebirgsbach plätschern hören. Beim Abendessen saßen die Kinder nach Altersgruppen aufgeteilt an sechs großen Tischen. An jedem Tisch saß ein Betreuer. Lukas, ein leidenschaftlicher Hobby-Zauberer, war der Betreuer der großen Jungen. Gerade hatte er einen Teelöffel verschwinden lassen, der unter Pippis Teller wieder auftauchte. Keiner wusste, wie Lukas das machte, aber alle versuchten, es ihm gleichzutun. Es war eine lustige Runde. Mattis schaute zu dem Tisch hinüber, an den man seine kleine Schwester gesetzt hatte. Sie saß neben der fröhlichen Alina und schien völlig vergessen zu haben, wie weit sie von Zuhause weg war. Mattis atmete beruhigt auf. Er hatte befürchtet, Jenni würde vor lauter Heimweh ständig an ihm hängen. Das hätten die anderen Jungen sicher nicht toll gefunden.

An Mattis' Tisch saßen außer Jakob und Pippi noch fünf weitere Jungen in seinem Alter. Die meisten waren sehr nett. Einzige Ausnahme bildete der freche Rico. Mattis mochte ihn nicht besonders. Er hatte ihm das letzte Hochbett im Zimmer weggeschnappt. Eigentlich hatte Mattis seine Tasche darauf gestellt und somit das Bett in Beschlag genommen. Dann war er hinüber in den Mädchentrakt gegangen, um Jenni ihre Tasche zu bringen. Als er zurückkam, hatte Rico einfach Mattis' Tasche von dem Hochbett genommen, sie auf eines der unteren Betten nahe der Tür gestellt und sein eigenes Bettzeug auf das Hochbett gezogen. Mattis blieb nichts anderes übrig, als das untere Bett zu nehmen. Als er protestierte, streckte Rico ihm die Zunge heraus und sagte: „Pech gehabt." Deshalb war Mattis wütend auf Rico. Der erwies sich als eine Art Klassenclown. Er alberte beim Abendessen die ganze Zeit herum und versuchte, die Zaubertricks von Lukas nachzumachen. Dabei landete sein Löffel mit Schwung in Mattis' Tasse, sodass der Junge von oben bis unten mit Kakao bekleckert wurde. Alle lachten und fanden es komisch. Mattis aber konnte überhaupt nicht darüber lachen.

In den nächsten Tagen hatte Mattis nicht viel Zeit, sich über Rico zu ärgern, denn Olaf Jansen und die anderen Betreuer hielten die Kinder von morgens bis abends auf Trab. Sie nutzten die warme Frühlingssonne und veranstalteten ein Fußball- und ein Tischtennisturnier und machten lange Wanderungen durch den Wald. Gegen Ende der Woche fing es an zu regnen. Alle für draußen geplanten Unternehmungen fielen ins Wasser. Deshalb setzten die Betreuer einen Basteltag an. Wer Lust hatte, durfte aus buntem Tonpapier und Bastelkrepp Schmuck für den Ostertisch basteln. Außerdem pusteten die Kinder über hundert Eier aus und bemalten die Schalen mit Tuschfarben. Die bunten Eierschalen hängten sie in die großen Sträucher vor dem Haus. Am Abend gab es dann leckere Pfannkuchen, denn die ausgepusteten Eier mussten verbraucht werden.

Am nächsten Tag ging die Betreuerin Claudia mit einer Gruppe von Mädchen an den nahe gelegenen Bach. Die Zwillinge und Jenni waren auch dabei. Der Regen hatte in der Nacht nachgelassen und heute schien wieder die Frühlingssonne. Während die Jungen das schöne Wetter für ein Geländespiel nutzten, sammelten die Mädchen am Ufer des Bachs Steine und brachten sie abends in vollen Tüten mit ins Camp.

„Was wollt ihr denn mit dem Haufen Kies?", fragte Jacky, als seine Schwestern ihm stolz ihre Ausbeute zeigten. „Wollt ihr den Hof neu pflastern?"

„Haha, sehr witzig", brummten die Zwillinge und erklärten: „Wir basteln daraus Steinfiguren. Die schenken wir den Eltern zu Ostern."

„Das ist eine gute Idee", fand Mattis und Jacky meinte: „Dann seid ihr wenigstens beschäftigt und nervt mich nicht."

Auch Jenni hatte sich vorgenommen, ihren Eltern etwas zu basteln. Claudia half den Mädchen. Sie mussten die Steine mit Heißkleber aneinander befestigen. „Denn mit normalem Klebstoff hält es nicht", erklärte die Betreuerin. „Aber verbrennt euch nicht die Finger!"

Jedes der Kinder bastelte aus zwei größeren runden Steinen zunächst Körper und Kopf eines Hasen. Dann suchten sie sich kleine runde Steine für den Stummelschwanz heraus und benutzten längliche flache Steine, die sie als Ohren an den Kopf kleben konnten. Es war gar nicht so einfach, die Hasenohren am Kopf zu befestigen, weil die flachen Steine eine sehr kleine Klebefläche hatten. Jenni fielen sie mehrfach herunter. Aber sie probierte es geduldig weiter. Als die Ohren endlich hielten, nahm sie einen Pinsel und malte den Hasen mit dicker Farbe rundherum braun an. Anschließend malte sie ihm Augen, Pfoten und Barthaare auf. Aus den übrigen Steinen machten die Kinder bunte Steinostereier und setzten sie zusammen mit den Hasen in kleine, aus Papier gefertigte Körbchen. Die Köchin hatte zudem einen großen Salzteig angefertigt, aus dem die Kinder kleine Osterlämmer formten. Die Lämmer wurden anschließend im Backofen getrocknet und zu den Steinfiguren in die Nester gesetzt.

Die Mädchen waren stolz auf ihre Bastelarbeiten. Und selbst die großen Jungen mussten neidlos anerkennen, dass die Kleinen wirklich schöne Geschenke für die Eltern gebastelt hatten. Leider währte die Freude nicht lang. Die Osternester wurden nämlich zum Trocknen über Nacht im Speisesaal auf das Fensterbrett gestellt. Am nächsten Morgen aber waren sie komplett zerstört. Jennis Steinosterhase hatte beide Ohren verloren und die Eier lagen über den gesamten Fußboden verstreut.

Sie weinte und die Zwillinge tobten vor Wut. Jemand musste die Nester absichtlich auf den Boden geworfen haben, anders konnte sich das auch Claudia nicht erklären.

„Das ist wirklich gemein", sagte sie und versprach, den Kindern zu helfen, neue Nester anzufertigen. Beim Frühstück waren die kaputten Bastelarbeiten das Thema Nummer eins. Olaf persönlich ging von Tisch zu Tisch um die Kinder zu befragen, ob sie in der Nacht etwas bemerkt hätten, was zur Ermittlung des Übeltäters hätte beitragen können. Doch alle gaben an, fest geschlafen zu haben. Niemand fand heraus, wer die Osternester kaputt gemacht hatte. Die Kinder des Feriencamps beobachteten sich daraufhin den ganzen Tag lang voller Misstrauen. Die kleinen Mädchen bastelten derweil neue Nester und Figuren. Und diesmal nahmen sie sie sicherheitshalber mit auf ihre Zimmer.

Mattis hatte einen Verdacht, wer hinter der Sache mit den Osternestern stecken konnte. Er war nämlich in der fraglichen Nacht von einem Geräusch geweckt worden. Im Halbschlaf hatte er dann gesehen, wie Rico sich seine Turnschuhe auszog und in sein Hochbett kletterte. „Wo kommt der denn jetzt her?", hatte Mattis noch gedacht, war dann aber wieder eingeschlafen. Jetzt, als alle sich fragten, wer da mitten in der Nacht im Speisesaal randaliert hatte, fiel Mattis wieder ein, dass er Rico gesehen hatte. Freilich – vielleicht war der einfach nur aufgestanden und zur Toilette gegangen. Doch wozu hatte er sich dann seine Schuhe angezogen? Oder war er etwa doch aus dem Haus geschlichen und in den Speisesaal im Nebengebäude gegangen?

Je länger er darüber nachdachte, desto sicherer war Mattis sich, dass Rico die Osternester zerstört hatte. Doch ohne Beweise durfte er ihn nicht beschuldigen. Er besprach die Sache mit Pippi und Jacky.

„Wenn das wirklich Rico war", meinte Jacky, „dann müssen wir ihm eine Falle stellen."

„Eine Falle?", fragte Pippi. „Was denn für eine?"

„Wir könnten ja wieder ein paar Bastelarbeiten aufstellen und uns dann nachts auf die Lauer legen", schlug Jacky vor.

Das war eine gute Idee. Aber sie würden den Betreuern nichts davon sagen. Die würden es bestimmt nicht gut finden, wenn die Kinder nachts auf Wache gingen, statt zu schlafen.

Nun musste ein Köder her. Jacky überredete seine Schwestern, ihm ihre neu gebastelten Nester zu geben.

„Ich kann viel besser darauf aufpassen", erklärte er ihnen. „Wenn die Nester bei mir sind, traut sich bestimmt keiner, sie kaputt zu machen!"

Das leuchtete den Zwillingen ein, und so brachten sie ihrem großen Bruder ihre Bastelarbeiten.

Abends, als es Schlafenszeit war, redeten die Jungen auf ihrem Zimmer extra laut darüber, dass sie die Osternester noch einmal zum Trocknen aufstellen würden.

„Die riechen noch", behauptete Mattis. „Es ist besser, du bringst sie runter in den Speisesaal und stellst sie ans Fenster."

„Genau", bestätigte Pippi. „Wenn du sie hier in unserem Zimmer lässt, verpestet der Salzteig die Luft."

Also schlich Jacky sich hinüber ins Nebengebäude und stellte die Nester auf die Fensterbank des Speisesaals. Niemand bemerkte ihn. Die kleineren Kinder schliefen längst und die Betreuer waren schon in ihren Zimmern im zweiten Stock. Nur die ältesten Jungen konnten wissen, dass die Nester wieder im Speisesaal waren.

Mattis hatte Rico während des gesamten Gesprächs der Jungen aufmerksam beobachtet. Doch der hatte keine Miene verzogen. Es war nicht erkennbar, ob er vorhatte, die Bastelarbeiten erneut zu zerstören.

Nachts schoben die Jungen Wache. Mattis war von zehn Uhr bis Mitternacht an der Reihe. Und tatsächlich: Gegen halb zwölf tat sich plötzlich etwas in einem der Hochbetten. Ein Junge richtete sich auf, stieg vom Bett, zog sich seine Schuhe an und verließ das Zimmer. Mattis hielt den Atem an. Es war wirklich Rico. In Windeseile sprang er aus dem Bett und rüttelte Jacky und Pippi.

„Mann, Mattis, was ist denn los", maulte Jacky und rieb sich die Augen.

„Rico ist weg!", flüsterte Mattis.

Mit einem Schlag waren die Jungen hellwach.

„Schnell, wir müssen hinterher! Bevor er etwas anrichten kann", flüsterte Pippi. Die Jungen schlüpften in ihre Schuhe und schlichen hintereinander die Treppe hinunter, durch den Hobbyraum und aus dem Hauptgebäude heraus zum Nebengebäude. Als sie vor dem Fenster des Speisesaals standen, sahen sie schon, dass die Nester nicht mehr auf dem Fensterbrett standen.

„Zu spät!", stöhnte Jacky. „Er hat schon zugeschlagen!"

„Aber er muss noch drin sein", meinte Pippi. „Sonst hätten wir ihn auf dem Rückweg getroffen."
„Also los, den schnappen wir uns!", sagte Mattis. „Aber leise, damit er nicht gewarnt wird."
Mucksmäuschenstill schlichen die vier Jungen durch die Tür in den Speisesaal.
„Jetzt", gab Jacky das Kommando und knipste das Licht an.
Und da erblickten sie die Bescherung: Die Osternester der Zwillinge lagen wie am Tag zuvor auf dem Boden des Speisesaals. Überall war ihr Inhalt verstreut und die Figuren waren kaputt. Aber nicht etwa Rico war ihnen in die Falle getappt. Drei kleine Hasen saßen über den Resten der Salzteiglämmer und knabberten daran herum. Durch das grelle Licht geblendet, schraken sie hoch und starrten die Jungen an. Die Jungen starrten zurück.
Pippi begriff als Erster die Komik der Situation und brach in schallendes Gelächter aus. Auch die anderen Jungen stimmten nacheinander ein. Die Hasen ergriffen bei dem lauten Gelächter die Flucht. Sie flitzten zu der Katzentür hinüber, krochen hindurch und verschwanden in der Dunkelheit.
Jackys Augen weiteten sich vor Schreck.
„Wie soll ich das bloß meinen Schwestern erklären?", jammerte er. „Die werden schön wütend sein, dass ich ihre Nester als Köder benutzt habe."
„Du kannst ja nichts dafür", meinte Mattis. „Konnte doch keiner ahnen, dass der Teiggeruch Hasen anlockt."
„Erzähl ihnen doch einfach, es wäre ein Marder oder so in unser Zimmer gekommen", schlug Pippi vor. „Wir verraten dich auch nicht, schließlich wollten wir alle auf Verbrecherjagd gehen."
„Komm, wir sammeln die Reste der Nester ein, und dann zurück ins Bett", meinte Mattis. „Bevor uns noch jemand entdeckt, dann wird es richtig peinlich."

Die Jungen beeilten sich, sammelten die Stein- und Teigreste zusammen und fegten so gut es ging die Krümel fort. Dann schlichen sie auf ihr Zimmer zurück. Ihre Zimmerkameraden waren wach und saßen aufrecht in ihren Betten.
„Wo wart ihr denn?", fragte Rico. „Ihr habt uns einen schönen Schreck eingejagt. Ich war nur kurz auf der Toilette und plötzlich fehlen vier Leute. Wir haben schon gedacht, ihr seid entführt oder so. Was war denn los?"
„Ach, weißt du", meinte Mattis und bemühte sich, die Reste der Osternester unter seiner Schlafanzugjacke zu verstecken, „das ist eine lange Geschichte. Die erzählen wir dir morgen."
„Ja", stimmte Pippi ihm zu und fing wieder an zu lachen. „Morgen ist Ostern, da passt die Geschichte auch viel besser!"

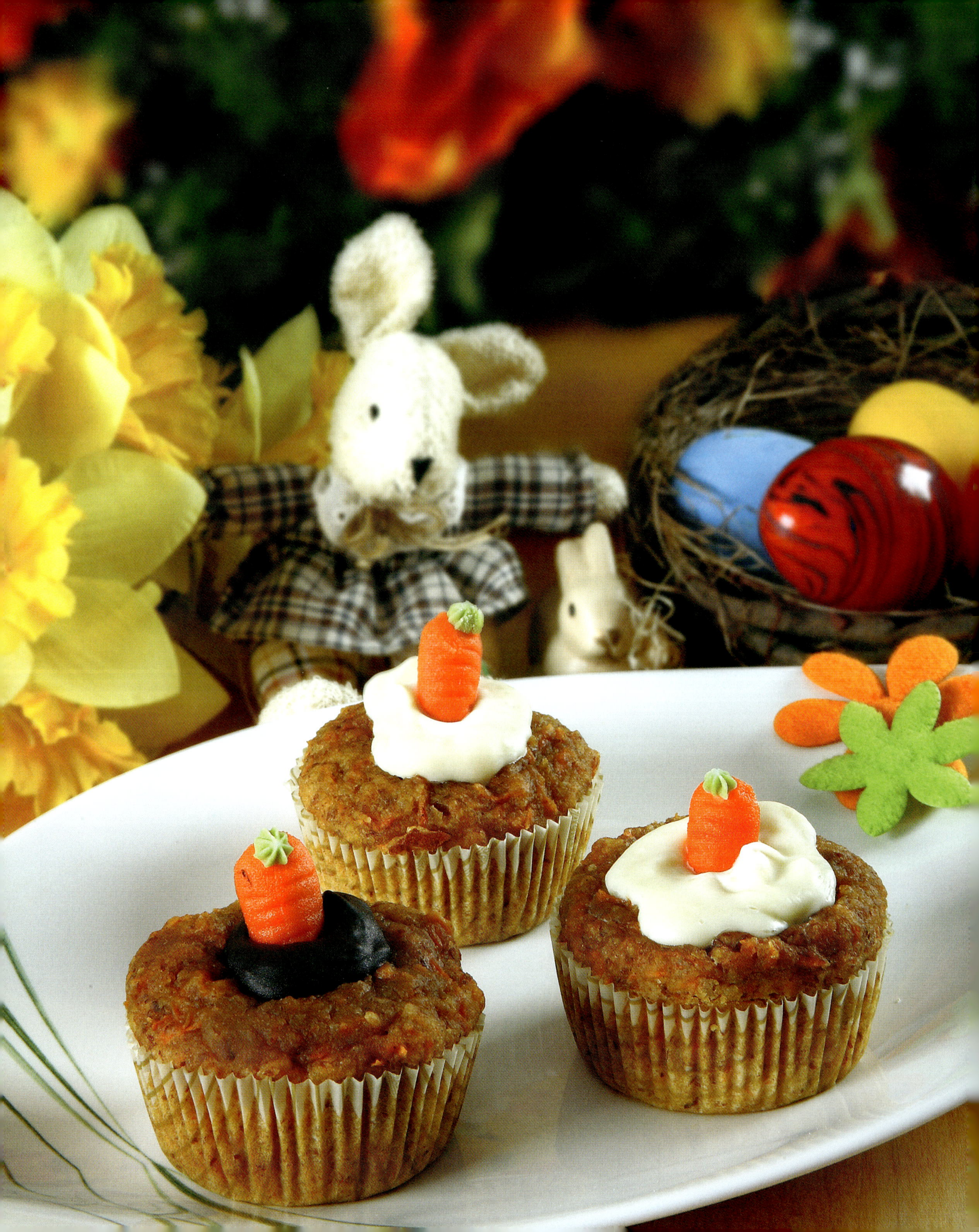

Karottenmuffins

Diese Muffins sind eine leckere Kleinigkeit und die süße Dekoration lässt alle Schleckermäulerherzen höher schlagen. Außerdem kann ohne schlechtes Gewissen genascht werden – die Muffins sind eine vollwertige Alternative zu den bekannten Versionen.

Für unsere Muffins braucht ihr:

200 g geraspelte Karotten
Saft und Schale einer unbehandelten Zitrone
150 g Weizenvollkornmehl
2 TL Backpulver
100 g gemahlene Mandeln
1 Ei
je eine Prise gemahlene Nelken und Muskatnuss
100 g Honig oder Rohrzucker
60 ml Sonnenblumenöl
150 ml Naturjoghurt

Für den Guss:
helle und dunkle Kuvertüre und Marzipankarotten zur Dekoration

Und so wird's gemacht:

Mehl und Backpulver in eine Schüssel sieben. Die gemahlenen Mandeln, Nelken und Muskatnuss sowie den Honig bzw. den Rohrzucker hinzufügen. Dann das Ei etwas verquirlen und mit den Möhrenraspeln, Öl, Zitronenschale und -saft sowie den Joghurt zügig zu einem Teig verrühren. Nicht zu lange rühren, sonst wird die Masse zäh.

Den Ofen auf 200 °C/Umluft 175 °C vorheizen. Das Muffinblech einfetten oder Papierförmchen hineinsetzen. Nach dem Einfüllen des Teiges die Muffins 20 bis 25 Minuten backen.

Für den Guss die Kuvertüre schmelzen und die abgekühlten Muffins nach Belieben dekorieren.

Osterspaziergang

Vom Eise befreit sind Strom und Bäche
Durch des Frühlings holden, belebenden Blick,
Im Tale grünet Hoffnungsglück;
Der alte Winter, in seiner Schwäche,
Zog sich in raue Berge zurück.
Von dort her sendet er, fliehend, nur
Ohnmächtige Schauer körnigen Eises
In Streifen über die grünende Flur.
Aber die Sonne duldet kein Weißes,
Überall regt sich Bildung und Streben,
Alles will sie mit Farben beleben;
Doch an Blumen fehlt es im Revier,
Sie nimmt geputzte Menschen dafür.
Kehre dich um, von diesen Höhen
Nach der Stadt zurückzusehen!
Aus dem hohlen finstern Tor
Dringt ein buntes Gewimmel hervor.
Jeder sonnt sich heute gern.
Sie feiern die Auferstehung des Herrn,
Denn sie sind selber auferstanden:
Aus niedrigen Häusern, dumpfen Gemächern,
Aus Handwerks- und Gewerbebanden,
Aus dem Druck von Giebeln und Dächern,
Aus den Straßen quetschender Enge,
Aus der Kirchen ehrwürdiger Nacht
Sind sie alle ans Licht gebracht.
Sieh nur, sieh! Wie behend sich die Menge
Durch die Gärten und Felder zerschlägt,
Wie der Fluss in Breit und Länge
So manchen lustigen Nachen bewegt,
Und, bis zum Sinken überladen,
Entfernt sich der letzte Kahn.
Selbst von des Berges fernen Pfaden
Blinken uns farbige Kleider an.
Ich höre schon des Dorfs Getümmel,
Hier ist des Volkes wahrer Himmel,
Zufrieden jauchzet Groß und Klein:
Hier bin ich Mensch, hier darf ich's sein!

Johann Wolfgang von Goethe

Ostergedichte

Osterhäschen, groß und klein

Osterhäschen, groß und klein,
Tummeln sich am Wiesenhain,
Müssen tanzen, hopsen, lachen
Und mitunter Männchen machen.

Heute wollen wir noch springen
Und den Kindern Eier bringen:
Rote, gelbe, braune, graue,
Bunte, grüne, himmelblaue.
Keiner kriegt was, der uns sieht:
Das ist unser Hasenlied.

Volksgut

Das Osterei

Hei, juchhei! Kommt herbei!
Suchen wir das Osterei!
Immerfort, hier und dort
Und an jedem Ort!

Ist es noch so gut versteckt,
Endlich wird es doch entdeckt.
Hier ein Ei! Dort ein Ei!
Bald sind's zwei und drei!

Wer nicht blind, der gewinnt
Einen schönen Fund geschwind.
Eier blau, rot und grau,
Kommen bald zur Schau.

Und ich sag's, es bleibt dabei,
Gern such ich ein Osterei:
Zu gering ist kein Ding,
Selbst kein Pfifferling.

August Heinrich Hoffmann von Fallersleben

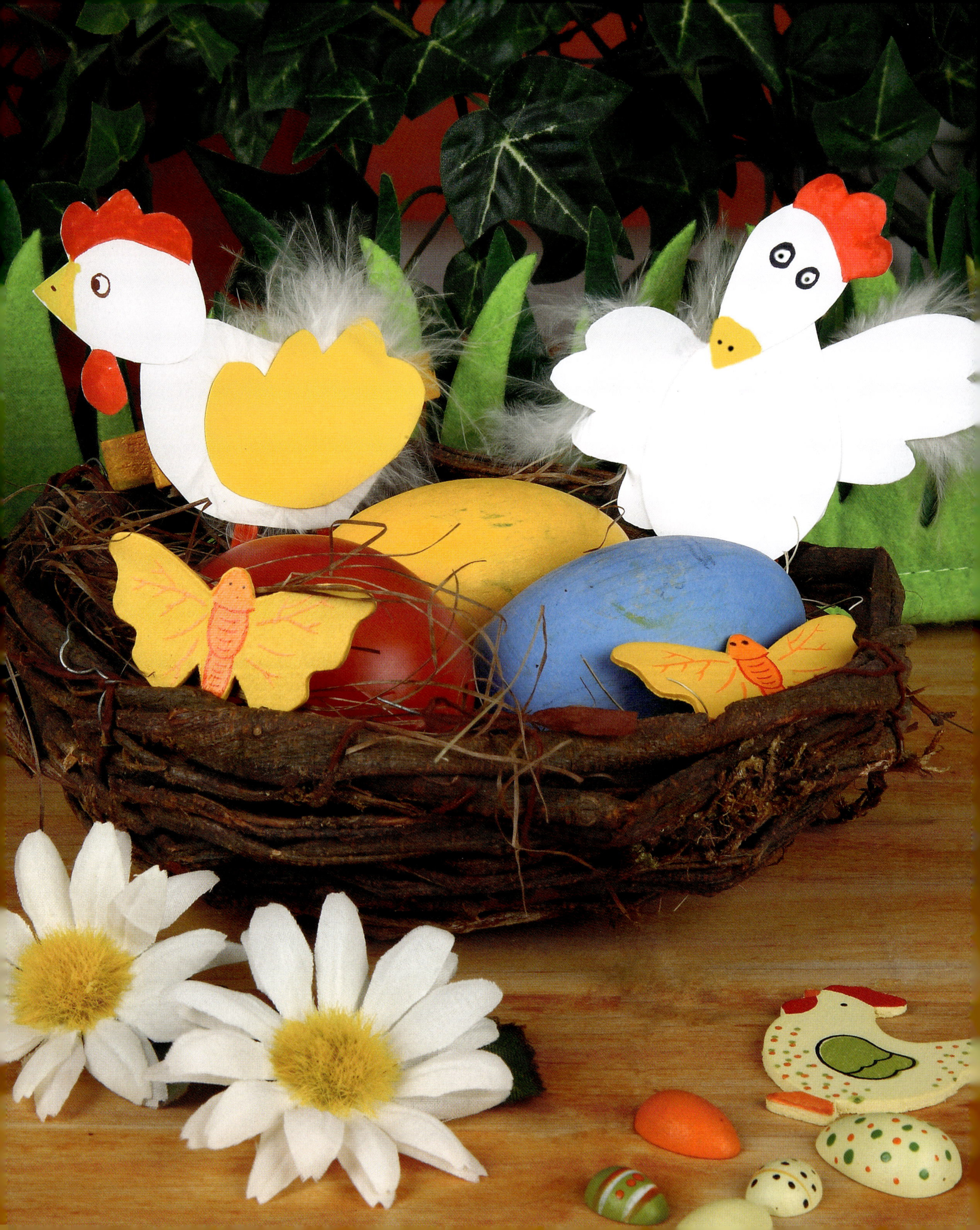

Klammerhühner

Ein paar tierische und witzige Helfer, die als Notizhalter, Lesezeichen oder einfach nur als pfiffige Geschenkdekoration Freude machen.

Dazu brauchst du:

Tonkarton in den Farben Weiß und Rot
Federn
handelsübliche Wäscheklammern aus Holz
Wackelaugen
Bleistift
Filzstifte
Klebstoff
Schere
beliebigen Karton
beliebiges Transparentpapier
Bastelvorlage im Anhang auf S. 132

So wird's gemacht:

Zu Beginn stellt ihr für alle Teile eine Schablone her. Paust dazu unsere Vorlagen ab und übertragt sie auf den Karton. Schneidet nun die Schablonen aus. Beine, Flügel, Körper und Kopf werden auf den weißen Tonkarton übertragen und ausgeschnitten. Kehlsack und Hahnenkamm finden auf roten Tonkartonresten ihren Platz. Klebt nun alle Hühnerteile aneinander und achtet darauf, dass ihr die Federn hinter den Flügeln platziert. Beklebt nun den Kopf mit den Wackelaugen und malt Schnabel und Beine an. Zuletzt befestigt ihr euer fertiges Hühnchen auf einer Wäscheklammer.

Kinder, lasst uns spielen

Osterinsel-Run

Schnappt euch Zeitungspapier, eure Freunde und schon kann es losgehen: Die Zeitungsseiten stellen die Osterinseln dar, ein Teil deiner Freunde sind die Osterinseleinwohner, die anderen spielen die Flut. Anfangs „schwimmen" alle Einwohner im „Meer" (z. B. lauft ihr über euren Rasen im Garten). Dann kommt plötzlich die Flut und alle Insulaner müssen sich auf die Inseln retten. Die Flut reißt ein Stück der Insel mit sich und verschwindet wieder. Danach können wieder alle Inselbewohner schwimmen gehen – bis wieder die Flut kommt. Irgendwann finden nicht mehr alle Einwohner Platz auf den Inseln – wer runterplumpst, ist ausgeschieden. Es gewinnt, wer als Letzter ein sicheres Stück Insel ergattert.

Eierlauf mal anders

Eierlauf mit Löffel kennt jeder, aber wie wäre es mit einem Eierlauf mit Fuß? Dazu nimmt man am besten ein paar hart gekochte Eier und markiert eine Laufstrecke. Stellt euch an der Startlinie auf und legt das Ei auf euren Fuß. Tipp: Am besten klappt es, wenn ihr das Ei zwischen den Zehen und dem Spann platziert. Und dann kann der ungewöhnliche Lauf starten! Einer gibt das Startzeichen – wer als Erstes mit seinem Ei auf dem Fuß durchs Ziel hoppelt, hat gewonnen.

Eiertanz

Haltet ein paar hart gekochte Eier und flotte Musik bereit, jetzt wird der Eiertanz aufgeführt. Und so geht es: Ihr sucht euch einen Tanzpartner, stellt euch gegenüber auf und klemmt dann ein Ei zwischen die Stirnen. Dann wird getanzt. Wer das Ei fallen lässt, ist ausgeschieden. Beim nächsten Lied platziert ihr dann das Ei zwischen euren Bäuchen. Zum Schluss versuchen die Paare, mit dem Ei zwischen den Beinen zu tanzen. Wer alles schafft, ist Dancingqueen bzw. -king des Tages!

Ganz große Tanzbären können den Eiertanz auch abwandeln: in Eierlimbo! Ihr legt euch das Ei auf ein Körperteil und versucht damit ohne Hilfe der Arme unter einer Stange durchzutanzen. Bei jedem Durchgang wird die Stange etwas tiefer gelegt. Gewonnen hat, wer nicht umfällt.

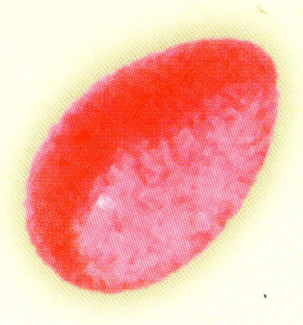

Eierwurf

Dieses Spiel solltet ihr auf jeden Fall mit hart gekochten Eiern durchführen!
Jeder schnappt sich ein Handtuch und geht damit in den Garten. Einer legt ein Ei in sein Handtuch und versucht, das Ei zu seinem Gegenüber zu bugsieren. Der fängt es mit dem Handtuch auf. Ziel ist es, das Ei nicht fallen zu lassen. Wem es doch hinunterplumpst, ist ausgeschieden.

Auf Eierschnitzeljagd

Dies ist ein Spiel, mit dem Eltern ihren Kindern eine ganz besondere Eiersuche bereiten können. Verstecken Sie im ganzen Haus oder auch im Garten Eier, die mit Buchstaben beschriftet sind. Zusammen sollen die Eier das Wort „Osterüberraschung" ergeben. Wenn Ihre Kinder alle Eier gefunden und das Wort erraten haben, bekommen sie einen Schokoladenosterhasen als Belohnung.

Der einstürzende Eierturm

Für dieses Spiel braucht ihr ein Ei, Mehl, zwei Teller und einen Teelöffel pro Mitspieler. Zuerst schüttet ihr vorsichtig einen kleinen Berg Mehl auf einen Teller. Dann steckt ihr ein Ei auf den Berg, und zwar so, dass das Ei ein wenig im Mehl sitzt. Dann wird reihum gewürfelt. Jetzt muss der Würfelnde so viele Löffel voll Mehl vom Berg auf einen zweiten Teller schaufeln, wie er Augen gewürfelt hat. Dann ist der Nächste dran. Schön vorsichtig schaufeln, denn bei wem das Ei den Berg hinunterrollt, hat verloren.

Fuchs und Hase

Sicher hast du schon einmal gesehen, wie schnell ein Hase bei seiner Verfolgung hoppeln kann. Haken schlagend rennt er blitzschnell in seinen geschützten Bau, wo ihn der Fuchs nicht fangen kann. So ähnlich funktioniert auch dieses Spiel. Sucht euch deshalb zuerst einen „Bau". In der freien Natur könnt ihr den geschützten Raum mit Steinen oder Kreide markieren. Im Wald spannt ihr ein paar Seile um vier naheliegende Bäume. Wer dort hineinkriecht, ist sicher im Bau. Danach wählt ihr einen Fuchs aus, der die Hasen fangen soll. Wer vor dem Bau erwischt wird, gilt als gefangen und muss im nächsten Spiel fuchsiger Fänger sein.

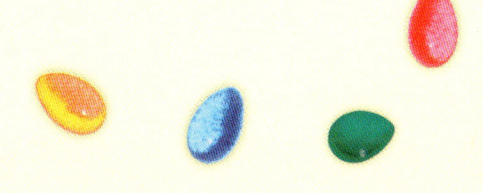

Hase Niko spielt Osterhase

In Waldbrödl, einem kleinen Dorf im Siegerland, wohnte ein Hase namens Niko. Seine Eltern hatten für ihn und seine fünf Schwestern eine wunderschöne, riesige Wohnung unter der Scheune von Familie Berger ausgegraben, in der jedes der sechs Hasenkinder ein eigenes Zimmer hatte. Außerdem gab es ein großes Wohnzimmer, in dem die Eltern oft mit den Kindern beisammen saßen und ihnen Geschichten vorlasen. Die Mädchen hörten die Geschichten gerne, aber Niko fand es langweilig.

Deshalb hüpfte er manchmal heimlich davon und erkundete auf eigene Faust das Grundstück der Bergers.

*D*ie Bergers wohnten in einem alten Bauernhaus ganz am Rande ihres Dorfes. Sie hatten zwei Söhne, die von morgens bis abends nur Unsinn im Kopf hatten. Sie turnten auf dem Dach der alten Scheune herum, jagten die Katze Mika ums Haus, bis die sich erschöpft unter dem Auto versteckte, oder legten Knallerbsen und Regenwürmer in Vater Bergers Schuhe. Der schimpfte dann immer mit ihnen, genau so, wie Vater Hase mit Niko schimpfte, wenn er ihn bei seinen heimlichen Ausflügen erwischte.

*E*ines Tages, als der kleine Hase Niko sich wieder unerlaubt vom Bau seiner Eltern entfernte, um im Garten der Bergers nach leckeren Saatkartoffeln zu buddeln, hörte er, wie Vater Berger seine Söhne wieder einmal ausschimpfte. Niko versteckte sich unter dem offenen Küchenfenster und lauschte. Er fand die Streiche der Berger-Jungen immer sehr lustig und war gespannt, was sie diesmal ausgefressen hatten. Vater Berger hielt den Jungen eine ausführliche Standpauke.

*S*ie hatten mit der Steinschleuder Erdbeeren in den Hühnerstall geschossen und damit bei den Hühnern ein heilloses Durcheinander angerichtet. Mutter Berger hatte einen riesigen Schrecken bekommen, als sie zum Eiersammeln in den Hühnerstall kam. Die Vögel waren über und über mit roten Erdbeersaftflecken versehen und sahen aus, als würden sie bluten.

„Wenn ihr Lausejungen nicht endlich aufhört, die Hühner aufzuscheuchen, dann –", drohte Vater Berger schließlich.

„Was dann?", fragte einer der Jungen.

Und dann sagte Mutter Berger etwas, was Niko aufhorchen ließ:

„Dann kommt der Osterhase in diesem Jahr nicht auf unseren Hof!"

„Natürlich kommt er! Er kommt doch jedes Jahr!", rief der größere der Jungen empört aus.

„Nicht, wenn er hört, was ihr mit den Hühnern gemacht habt", bestätigte Vater Berger. „Der Osterhase ist nämlich mit den Hühnern gut befreundet!"

„Keine Ostereier?", fragte der kleinere Junge und begann zu betteln. „Ach, bitte, Mama, sag dem Osterhasen, es war nicht böse gemeint, ja?"

„Das muss ich mir noch überlegen", antwortete sie. „Ihr geht jetzt rauf in euer Zimmer! Geschähe euch ganz recht, wenn der Osterhase euch diesmal auslässt."

Niko hätte gerne noch weiter zugehört, aber Mutter Berger schloss das Küchenfenster, sodass er nichts mehr von dem verstehen konnte, was drinnen gesprochen wurde.
Nachdenklich hüpfte der kleine Hase heim. Wer, um Himmels willen, war der Osterhase? Und was hatte es mit diesen Eiern auf sich? Die Bergers aßen doch jeden Tag zum Frühstück die Eier, die sie im Hühnerstall fanden, da war doch nichts Besonderes dran.

In der Nacht lag Niko lange wach und dachte nach. Wer war bloß dieser Osterhase, der offensichtlich Kontakt zu Menschenkindern hatte? Die Frage ließ Niko keine Ruhe, deshalb schlich er sich wieder den Bau hinauf, an den Zimmern seiner schlafenden Schwestern vorbei zum Elternschlafzimmer. Es war mucksmäuschenstill. Nur Papa Hases leichtes Schnarchen war zu hören.

„Mama?", flüsterte Niko. „Papa? Schlaft ihr schon?"
„Niko?", flüsterte Mama. „Bist du das? Sei leise, Papa schläft schon. Wieso bist du noch wach?"
„Mama, wer ist der Osterhase?", fragte Niko.
„Woher weißt du vom Osterhasen? Wer hat dir davon erzählt?"
Niko zögerte. Sollte er zugeben, dass er wieder bei den Bergers gewesen war?
„Also, woher weißt du von ihm?", fragte Mama und schaute ihn so durchdringend an, dass er nicht schwindeln konnte.
„Die Menschenkinder haben von ihm gesprochen."
„Du warst wieder bei den Menschen?"
„Ja", gab Niko zu und senkte verschämt den Kopf.
Mutter seufzte. „Es ist gefährlich bei den Menschen, das weißt du. Deshalb will Papa nicht, dass du alleine zu ihnen gehst."
„Ich weiß", antwortete Niko.
„Du bekommst Hausarrest, eine Woche."
Der kleine Hase nickte folgsam.
„Aber der Osterhase geht doch auch zu den Menschen und es passiert ihm nichts.
Und die Menschen freuen sich auf ihn. Wer ist er?"
„Ich weiß nicht, ob es den Osterhasen wirklich gibt",

sagte Mama. „Die Menschenkinder glauben an ihn, aber Papa und ich sind ihm nie begegnet. Und kein anderer Hase, den ich kenne."

„Aber ich habe doch gehört, wie der Junge sagte, der Osterhase kommt jedes Jahr zu ihnen. Dann muss es ihn doch geben!"

„Die Menschen haben den Osterhasen auch noch nie getroffen, sie glauben nur, dass es ihn gibt."

„Und wer ist er?", fragte Niko beharrlich. Mama seufzte. Der junge Hase gab einfach nicht nach.

„So genau weiß ich das auch nicht", gab sie zu. „Jedes Jahr im Frühling fangen die Menschen an, ein Fest vorzubereiten, das sie Ostern nennen. Sie hängen bunt bemalte Eier in die Sträucher und Büsche rund um das Haus und an einem ganz bestimmten Tag verstecken die Eltern dann kleine bunte Eier überall im Garten. Papa und ich haben mal eines davon mitgenommen."

„Ehrlich? Wie war es? Habt ihr es noch?", fragte Niko und war ganz aufgeregt.

„Nein, wir haben damals ein bisschen davon genascht. Aber es war anders als die Hühnereier, die du kennst. Es war viel kleiner. Außen herum war so eine ganz dünne Schale, die knisterte, wenn man sie aufmachte. Und innen war das Ei ganz braun und schmeckte überhaupt nicht nach Ei. Papa hat mal gehört, dass die Menschen ‚Schokoladenei' dazu sagen."

„Aber es gibt doch gar keinen Vogel, der ‚Schokolade' heißt und braune Eier legt", stellte Niko fest. „Genau", sagte Mama. „Aber Schokoladeneier gibt es trotzdem. Und die Menschenkinder sind ganz verrückt danach und suchen dann den ganzen Tag nach den bunten Eiern, die die Eltern versteckt haben. Wenn sie welche finden, freuen sie sich sehr und die Menscheneltern sagen dann: ‚Die hat der Osterhase für euch versteckt.'

Ich hab schon einmal gesehen, dass sie etwas Ähnliches auch im Winter machen. Da stellen die Kinder ihre Schuhe vor die Tür und die Eltern stecken nachts Nüsse, Früchte und kleine Männchen mit rotem Mantel hinein. Dann sagen sie: Der Nikolaus war da."

„Wer, ich?", fragte Niko. „Die denken, ich lege etwas in ihre Schuhe?"

„Nein, nur ein Mann, der genauso heißt wie du", berichtigte Mama.

„Jetzt aber marsch zurück ins Bett mit dir, damit wir alle schlafen können!", sagte Papa.

Niko folgte brav, doch er konnte immer noch nicht einschlafen. Er musste an die beiden Jungen denken, die so traurig waren, weil sie dachten, der Osterhase wäre böse auf sie und sie würden deshalb keine Ostereier bekommen. Niko beschloss, den Jungen eine Freude zu machen.

Am nächsten Morgen, als Mama und Papa losgehoppelt waren, um Frühstückssalat vom Feld zu holen, hüpfte Niko heimlich zum Hühnerstall und stibitzte zwei große ovale Eier. Er fand das nicht weiter schlimm, immerhin hatten die Hühner wieder einmal fleißig gelegt. Außerdem würde er sie ja wieder zurücklegen. Doch die Schalen der Hühnereier waren überhaupt nicht bunt. Das war sicher kein guter Ersatz für die Ostereier, zumal sie sicher innen auch nicht braun waren. Doch wie konnte Niko die Eier bunt machen? Vielleicht konnte er ein wenig Gras zerreiben und mit Wasser anrühren?

Dann hätte er zumindest schon einmal die Farbe Grün. Und aus den Pollen der großen Tulpe ließ sich ein hervorragendes Gelb malen. Dann bräuchte er noch Rot. Er überlegte. Was konnte er nehmen, um die Eier rot zu machen? Natürlich, Erdbeersaft! Die Menschenjungen hatten es ihm ja vorgemacht.

Niko sammelte sich die Zutaten zusammen, brachte sie in sein Zimmer und schloss die Tür, damit ihn keiner beobachten konnte. Dann zermatschte er die Erdbeere und ein paar Grashalme und zerrieb Blumenpollen zwischen seinen Pfoten. Anschließend nahm er einen Grashalm, tunkte ihn in die Farben und betupfte damit die Hühnereier. Es war eine Menge Arbeit, die er sich da vorgenommen hatte, aber sie brachte ihm Spaß. Als er fertig war, war es schon spät. Heute konnte er die Eier nicht mehr zu den Bergers zurückbringen. Er würde eben früh aufstehen müssen.

War das eine Überraschung, als Mutter Berger am nächsten Morgen kunterbunt getupfte Hühnereier im Stall fand. Die Jungen gaben ihr Ehrenwort, dass sie nichts damit zu tun hatten, und sie waren so überrascht von Mutters Fund, dass sie ihnen glaubte. „Das ist bestimmt ein Zeichen vom Osterhasen!", rief der kleine Junge aus. „Er war da, also kommt er auch an Ostern! Ganz bestimmt. Er ist nicht böse auf uns."

Mutter Berger musste lachen. „Na, vielleicht habt ihr Recht. Dann habt ihr ja noch einmal Glück gehabt."

Das ist nun schon viele Jahre her und Familie Berger rätselt heute noch, woher die merkwürdig betupften Eier stammten.

Wenn Niko jedoch heute von seinen eigenen Kindern gefragt wird, ob es einen Osterhasen gibt, dann antwortet er: „In jedem Hasen steckt ein Osterhase!"

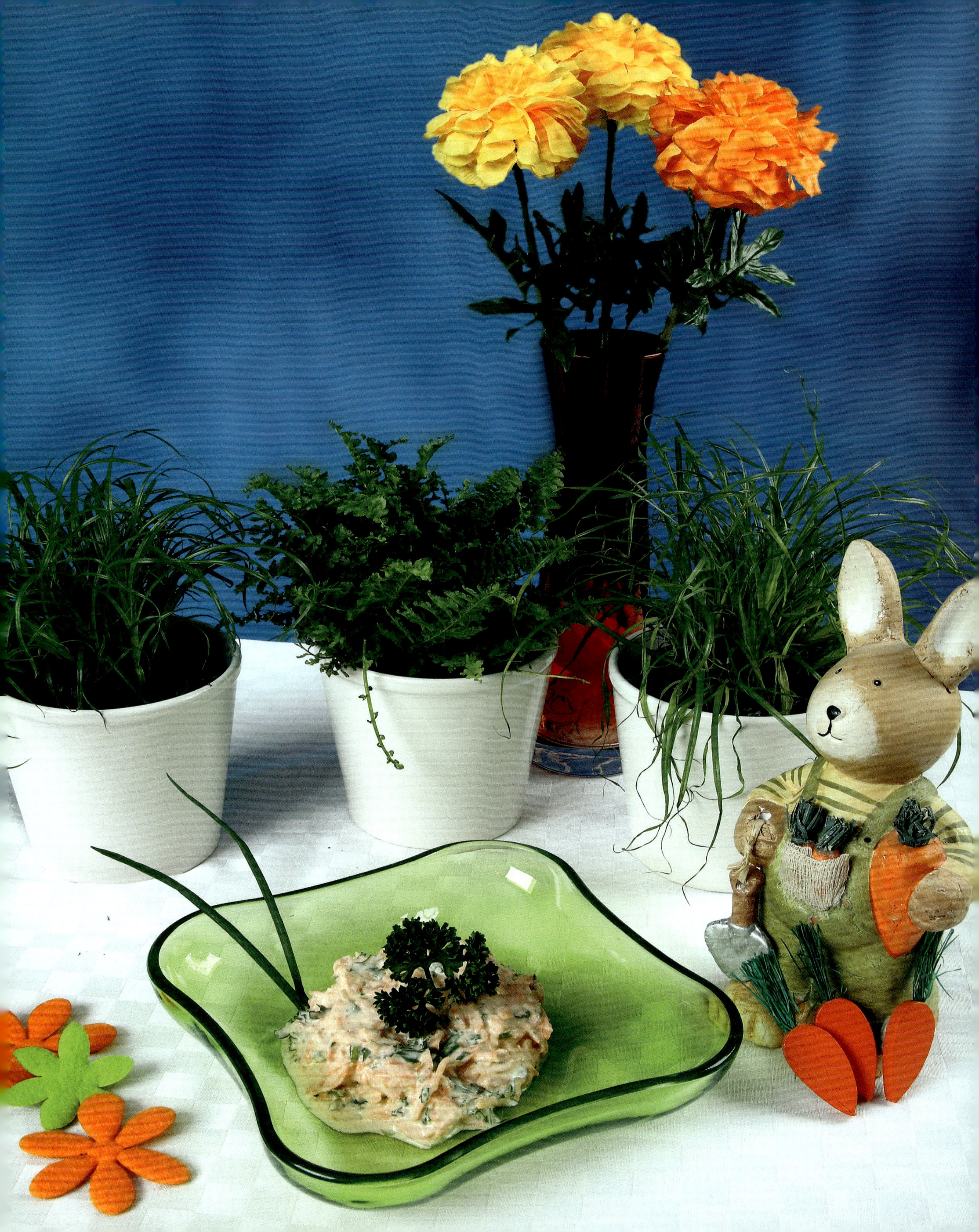

Karottencreme

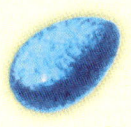

... ist eine leckere vegetarische Alternative. Frisch, knackig und superschnell gemacht.

Dazu wird benötigt:

200 g geraspelte Karotten
je 1 Bund Schnittlauch und Petersilie
100 g Speisequark (40%)
3 EL saure Sahne
1 TL Zitronensaft
Kräutersalz und Pfeffer zum Abschmecken

So geht's:

Schnittlauch und Petersilie fein hacken, dann alle Zutaten zu einer cremigen Masse verrühren. Schmeckt besonders gut auf Vollkorn- oder Knäckebrot – oder auf unserem leckeren Kräuterbrot (S. 116).

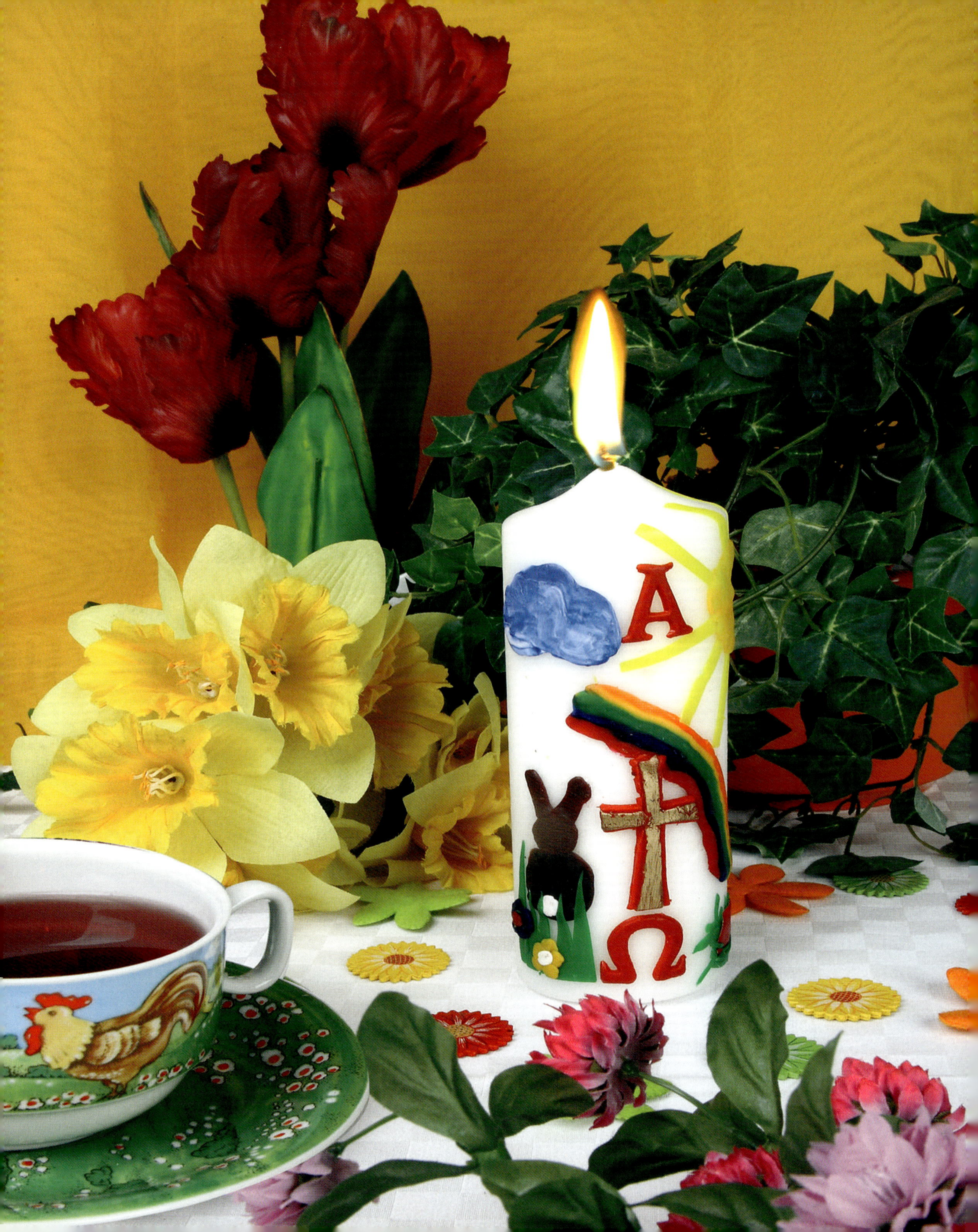
A
Ω

Osterkerze

In der Osternacht werden die Kerzen in der Kirche gesegnet. Und dann wird das Licht durch den dunklen Kirchenraum in die Häuser und auf die österliche Frühstückstafel gebracht. Das Kerzenlicht soll uns an Jesus erinnern. So wie eine kleine Flamme Licht und Wärme bringt, kann Jesus für uns Freude und Trost sein. Vielleicht möchtest du mal mit deiner eigenen, selbst gestalteten Kerze zur Kirche gehen.

Dazu brauchst du:

1 weiße Kerze
Kerzenwachsmalstifte oder
Kerzenwachs als Wachsplatte oder
Kerzenwachs in Knetform

So einfach geht's:

Nun brauchst du nur noch ein paar Ideen, um deine ganz individuelle Osterkerze verzieren zu können. A und Ω sind auf der Osterkerze zu sehen. Sie bedeuten: Jesus Christus ist Anfang und Ende der Welt. Welche Symbole verbindest du mit Ostern?

Pfingsten

Pfingsten – Geburtstag der Kirche

Pfingsten

Fünfzig Tage nach dem Osterfest endet die österliche Feierzeit mit dem Pfingstfest. Auch das hat seinen Ursprung in der jüdischen Tradition. Von der ersten Ernte des Jahres, der Gerstenernte, die am Paschafest eingefahren wurde, zählten die Juden 49 Tage bis zur zweiten Ernte, der Weizenernte. Dieser Zeitraum spiegelte die Tage vom Auszug des Volkes Israel aus Ägypten bis zum Erhalt der Gesetze am Berg Sinai, wie sie im Alten Testament im Buch Exodus berichtet werden. Am fünfzigsten Tag dankten die Juden Gott für seine Gesetze. Das Wort Pfingsten selbst leitet sich aus dem griechischen Wort für „fünfzigster Tag" (Pentecoste) ab.

Die Christen feiern mit dem Pfingstfest den Tag, an dem der Heilige Geist in Feuerzungen auf die Jünger Jesu herabkam und sie der Fremdsprachen befähigte, auf dass sie hinausziehen und allen Völkern von Jesu Leben und Wirken erzählen sollten. Dies geschah laut Bibel am Tag der Weizenernte. Die Jünger Jesu, die zwölf Apostel, zogen also aus, um den Menschen auf der ganzen Welt die frohe Botschaft des auferstandenen Jesus Christus zu überbringen. Sie sammelten Gläubige um sich, lehrten und tauften, wie Jesus es ihnen gesagt hatte, und wurden somit die Begründer der Kirche. Daher wird Pfingsten auch als Geburtsstunde der Kirche bezeichnet.

Pfingstbräuche

Die Bräuche zu Pfingsten handeln zumeist vom Pfingstgeschehen selbst oder vom Frühling und Mai. Von religiöser Seite aus pflegte man im Mittelalter den Brauch, brennendes „Werg", also Hanffasern, aus dem Kirchengewölbe auf die Gemeinde rieseln zu lassen, um die Feuerzungen zu veranschaulichen, die sich zu Pfingsten auf die Jünger niederließen. In anderen Regionen findet alljährlich ein Pfingstsingen statt. Ursprung hierfür waren die Jubelgesänge und religiösen Lieder, die zum Tag der Kirchengründung gesungen und gespielt wurden. Aus dieser musikreichen Feier der Kirche entwickelte sich auch eine volkstümliche Tradition des Begrüßens der warmen Jahreszeit. So versammelten sich Chöre oder einzelne Musiker und trugen Volkslieder vor. Vereinzelt zogen auch bunt geschmückte Sänger von Haus zu Haus und sammelten Gaben. Dieses Pfingstsingen ist heutzutage vor allem in Süddeutschland noch verbreitet.

Zu Pfingsten entwickelte sich neben dem Kirchenfest auch eine Art Frühjahrs- und Hirtenfest. Der Pfingstochse bildet traditionell die Speise am Pfingstfest. Bis ins 19. Jahrhundert gab es den Brauch, einen bunt geschmückten Ochsen durch den Ort zu treiben, bevor man ihn als Pfingstopfer darbrachte. Auch auf die Tradition des ersten Almauftriebs wird der Schmuck des Pfingstochsen zurückgeführt. Noch heute findet man zu Pfingsten in den Alpenregionen prächtig geschmückte Rinder.

In der Nacht von Pfingstsonntag auf Pfingstmontag wurde vielerorts Unsinn getrieben, Dinge versteckt und verstellt. Vor allem zwischen rivalisierenden benachbarten Dörfern entwickelten sich solche Wettkämpfe. So gibt es zum Beispiel einen amüsanten Pfingstbrauch in den Dörfern Marwede und Endeholz. Es ist die Erschaffung einer bekleideten Strohpuppe namens Pfingstkarl. Dieser wird zum Pfingstsonntag aufgehängt und am Pfingstmontag abgebrannt. Die Erschaffer der Puppen versuchen über die Pfingsttage, den Pfingstkarl des jeweiligen anderen Dorfes zu stehlen, um ihn am Montag demonstrativ mit dem eigenen zu verbrennen.

PFINGSTEN

*E*ine kaum noch verbreitete Tradition ist das Anbringen so genannter Pfingstmaien. Als Zeichen ihrer heimlichen Zuneigung brachten die jungen Männer den verehrten Damen bunt geschmückte Birkenzweige. Zu diesem Brauch gehörte es, dass die Jungen im heiratsfähigen Alter durch das Mailehen ein Mädchen zugeteilt bekamen, welches sie fortan zu Tänzen und Festen ausführen sollten, um sich näher kennen zu lernen. Weniger schön war es für ein Mädchen, statt dieser Liebesmaien Schandmaien aufgestellt zu bekommen. Das waren dürre Zweige oder abgenadelte Christbäume, welche ihnen ehemalige Verehrer als schlechten Gruß brachten.

*K*latschsüchtige Frauen bekamen Kirschzweige gesteckt und der Weißdorn bezeichnete das Haus von Mädchen, die angestrengt nach einem Ehemann Ausschau hielten.

*A*uch der bunt geschmückte Maibaum wird mancherorts zu Pfingsten auf dem Dorfplatz aufgestellt. Er besitzt einen astlosen, besonders glatten Stamm, an dem die jungen Männer des Dorfes zu Pfingsten ein Wettklettern bestreiten.

*D*er Sieger ist der Pfingstbräutigam, der sich eine Pfingstbraut erwählen und mit ihr die Pfingsthochzeit feiern darf. Auch der Mai- oder Pfingstbaum ist ein Besitz, den die Dörfler vor ihren Nachbargemeinden schützen müssen, denn hier bedienen sich viele der Tradition des Maibaumklauens. Dieser kann dann nur durch eine Spende von sehr vielen alkoholischen Getränken wieder ausgelöst werden.

Die Pfingstrose

Sie steht als Symbolblume für das Pfingstfest, ist allerdings keine Rose im herkömmlichen Sinne, sondern bildet eine eigene Gattung. Ursprünglich als Heilpflanze verwendet, findet man sie heutzutage hauptsächlich als Zierpflanze. Wie auch die Gelbe Narzisse, die man unter dem Namen Osterglocke kennt, besteht in der Blütezeit der einzige Zusammenhang mit dem Fest.

Ein Vogel wollte Hochzeit machen

1. Ein Vogel wollte Hochzeit machen in dem grünen Walde. Fideralala, Fideralala, Fideralalalala.

Die Drossel war der Bräutigam,
Die Amsel war die Braute,
Fidiralala …

Der Auerhahn, der Auerhahn
Der war der würd'ge Herr Kapellan.
Fidiralala …

Die Lerche, die Lerche,
Die führt die Braut zur Kirche.
Fidiralala …

Das Finkelein, das Finkelein,
Das führt das Paar zur Kammer 'nein.
Fidiralala …

Der Sperling, der Sperling,
Der bringt der Braut den Trauring.
Fidiralala …

Die Gänse und die Anten,
Das war'n die Musikanten.
Fidiralala …

Die Eule, die Eule,
Die bracht' die Hammelkeule.
Fidiralala …

Der Kiebitz, der Kiebitz,
Der macht so manchen losen Witz.
Fidiralala …

Der Marabu, der Marabu,
Hielt sich dabei die Ohren zu.
Fidiralala …

PFINGSTEN

Der Seidenschwanz, der Seidenschwanz,
Der bracht' der Braut den Hochzeitskranz.
Fidiralala …

Der Papagei, der Papagei,
Der macht' darob ein groß Geschrei.
Fidiralala …

Die Meise, die Meise,
Die sang das Kyrieleise.
Fidiralala …

Der Pinguin, nicht spröde,
Der hielt die Hochzeitsrede.
Fidiralala …

Die Puten, die Puten,
Die machten breite Schnuten.
Fidiralala …

Der Rabe, der Rabe,
Der bracht' die erste Gabe.
Fidiralala …

Die Nachtigall, sehr elegant,
Die war der Musje Bräutigam.
Fidiralala …

Die Taube, die Taube,
Die bringt der Braut die Haube.
Fidiralala …

Der Uhuhu, der Uhuhu,
Der macht die Fensterläden zu.
Fidiralala …

Der Wiedehopf, der Wiedehopf,
Der schenkt der Braut ein'n Blumentopf.
Fidiralala …

Der Zeisig, der Zeisig,
Der futtert gar fleißig.
Fidiralala …

Frau Kratzefuß, Frau Kratzefuß
Gibt allen einen Abschiedskuss.
Fidiralala …

Der Hahn, der krähte: „Gute Nacht",
Da ward die Lampe ausgemacht.
Fidiralala …

Nun ist die Vogelhochzeit aus
Und alle zieh'n vergnügt nach Haus.
Fidiralala …

Volksweise

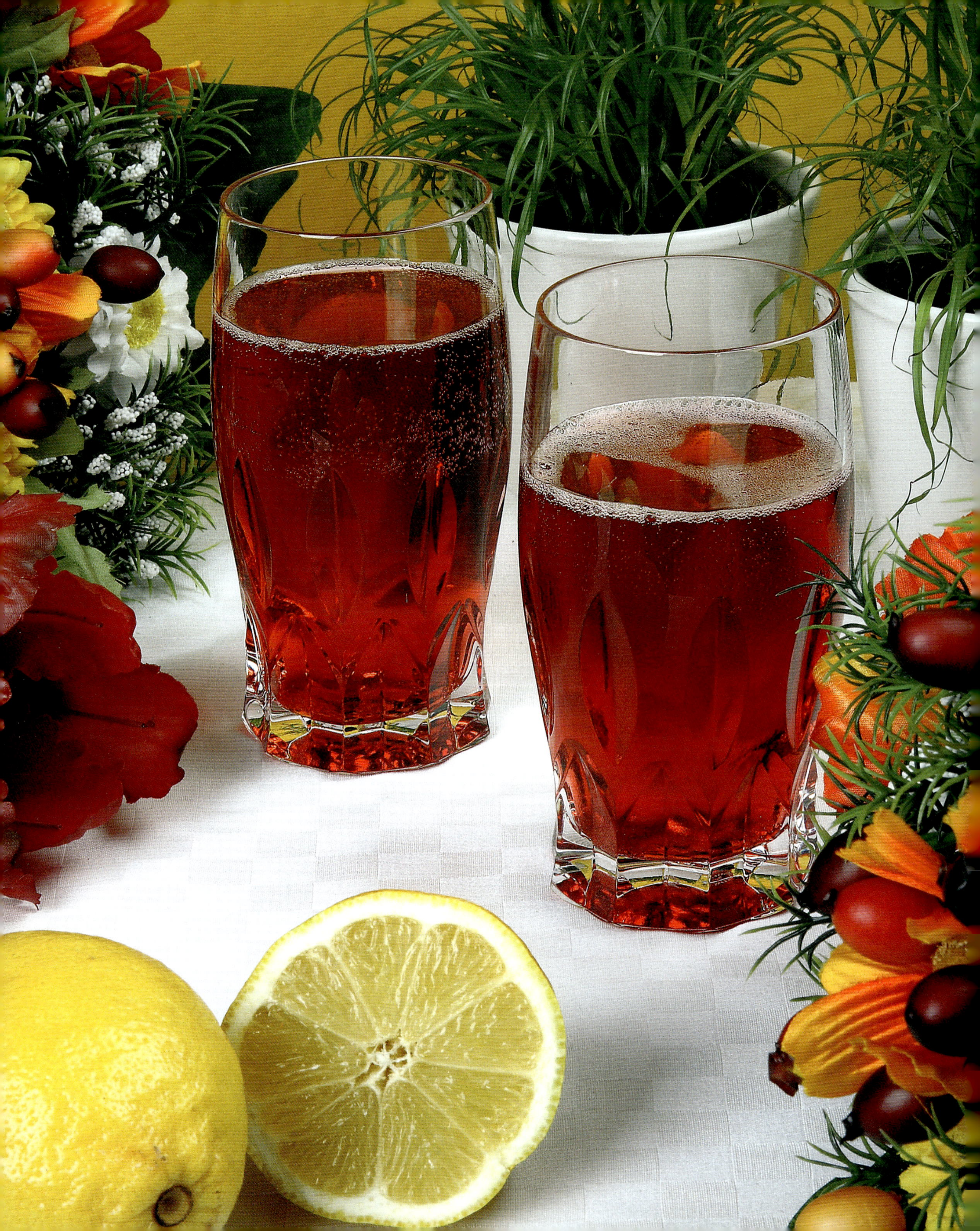

PFINGSTEN

Holunderblütenlimonade
aus selbst gemachtem Holundersirup

Lecker und erfrischend – das Richtige, wenn es draußen endlich wieder wärmer wird! Und zudem auch gesund: Der Holunder wird schon seit Jahrhunderten als Heilpflanze geschätzt. Fast alles von ihm findet in der Naturapotheke Verwendung. Selbst den Hollerschwamm, ein Pilz, der im Volksmund auch Judasohr genannt wurde, trank man als Tee, um Halsschmerzen zu lindern. Die beste Erntezeit für Holunderblüten liegt in den Monaten Mai bis Juli. Einem alten Volksglauben nach verfügen Holunderblüten, die man am 24. Juni, dem Johannistag, erntet, über heilende Kräfte.

Dazu braucht ihr:

9 bis 10 große Holunderblütendolden
1 Liter Wasser
800 g Zucker
Scheiben einer unbehandelten Zitrone
30 g Zitronensäure

Und so geht's:

Zucker und Wasser zu einem flüssigen Sirup einkochen lassen. Nach dem Abkühlen die gewaschenen Holunderblütendolden, die Zitronenscheiben und die Zitronensäure dazugeben.
Die Mischung 5 Tage in einem Topf an einem kühlen Ort stehen lassen.
Danach alles herausfiltern, kurz erhitzen und in verschließbare Gefäße füllen. Je nach Geschmack mit einem halben Liter Mineralwasser, einem Schuss Apfelsaft und ein paar Orangenscheiben auffüllen.

Gedichte zur Pfingstzeit

Nachdenkliches Pfingstgedicht

Ein Pfingstgedichtchen will heraus
ins Freie, ins Kühne.
So treibt es mich aus meinem Haus
ins Neue, ins Grüne.

Wenn sich der Himmel grau bezieht,
mich stört's nicht im Geringsten.
Wer meine weiße Hose sieht,
der merkt doch: Es ist Pfingsten.

Nun hab ich ein Gedicht gedrückt,
wie Hühner Eier legen,
und gehe festlich und geschmückt —
Pfingstochse meinetwegen —
dem Honorar entgegen.

Joachim Ringelnatz

Pfingstlied

Pfingsten ist heut, und die Sonne scheint,
Und die Kirschen blühn, und die Seele meint,
Sie könne durch allen Rausch und Duft
Aufsteigen in die goldene Luft.

Jedes Herz in Freude steht,
Von neuem Geist frisch angeweht,
Und hoffnungsvoll aus Thür und Thor
Steckt's einen grünen Zweig hervor.

Es ist im Fernen und im Nah'n
So ein himmlisches Weltbejah'n
In all dem Lieder- und Glockenklang,
Und die Kinder singen den Weg entlang.

Wissen die Kindlein auch zumeist
Noch nicht viel vom heiligen Geist,
Die Hauptsache spüren sie fein und rein:
Heut müssen wir fröhlichen Herzens sein.

Gustav Falke

Frohe Botschaft

Nach langem, bangem Winterschweigen
Willkommen, heller Frühlingsklang!
Nun rührt der Saft sich in den Zweigen,
Und in der Seele der Gesang.
Es wandelt unter Blütenbäumen
Die Hoffnung übers grüne Feld;
Ein wundersames Zukunftsträumen
Fließt wie ein Segen durch die Welt.

Emanuel Geibel

Pfingsten

Pfingsten, das liebliche Fest,
war gekommen;
es grünten und blühten Feld und Wald;
auf Hügeln und Höhn,
in Büschen und Hecken
übten ein fröhliches Lied die
neuermunterten Vögel;
jede Wiese sprosste von Blumen in
duftenden Gründen,
festlich heiter glänzte der Himmel und
farbig die Erde.

Johann Wolfgang von Goethe

Wenn's Pfingsten regnet

Oben aus dem Fahnenhaus
Guckt das schwarze Wettermännchen raus,
Spreizt die Beine und grinst uns an;
Schäme dich, alter Wettermann!
Am Ostersonntag, vor sieben Wochen,
Hast du dem Fritze fest versprochen,
Daß zu Pfingsten, im Monat Mai,
Das allerschönste Wetter sei.
Und nun regnet's, liebe Not,
Alle hellen Blüten tot,
Sie liegen da wie nasser Schnee,
Auf den Wegen steht See an See;
Ja, wenn wir schon drinnen baden könnten,
Wie die Spatzen oder die Enten!
Wir dürfen aber garnicht raus,
Sehn so mucksch wie Maulwürfe aus;
Röch nicht der Kuchen so lecker her,
Wüßt man gar nicht, daß Feiertag wär.
Nicht mal die Pfingstkleider kriegt man an;
Schäme dich, schwarzer Wettermann!

Paula Dehmel

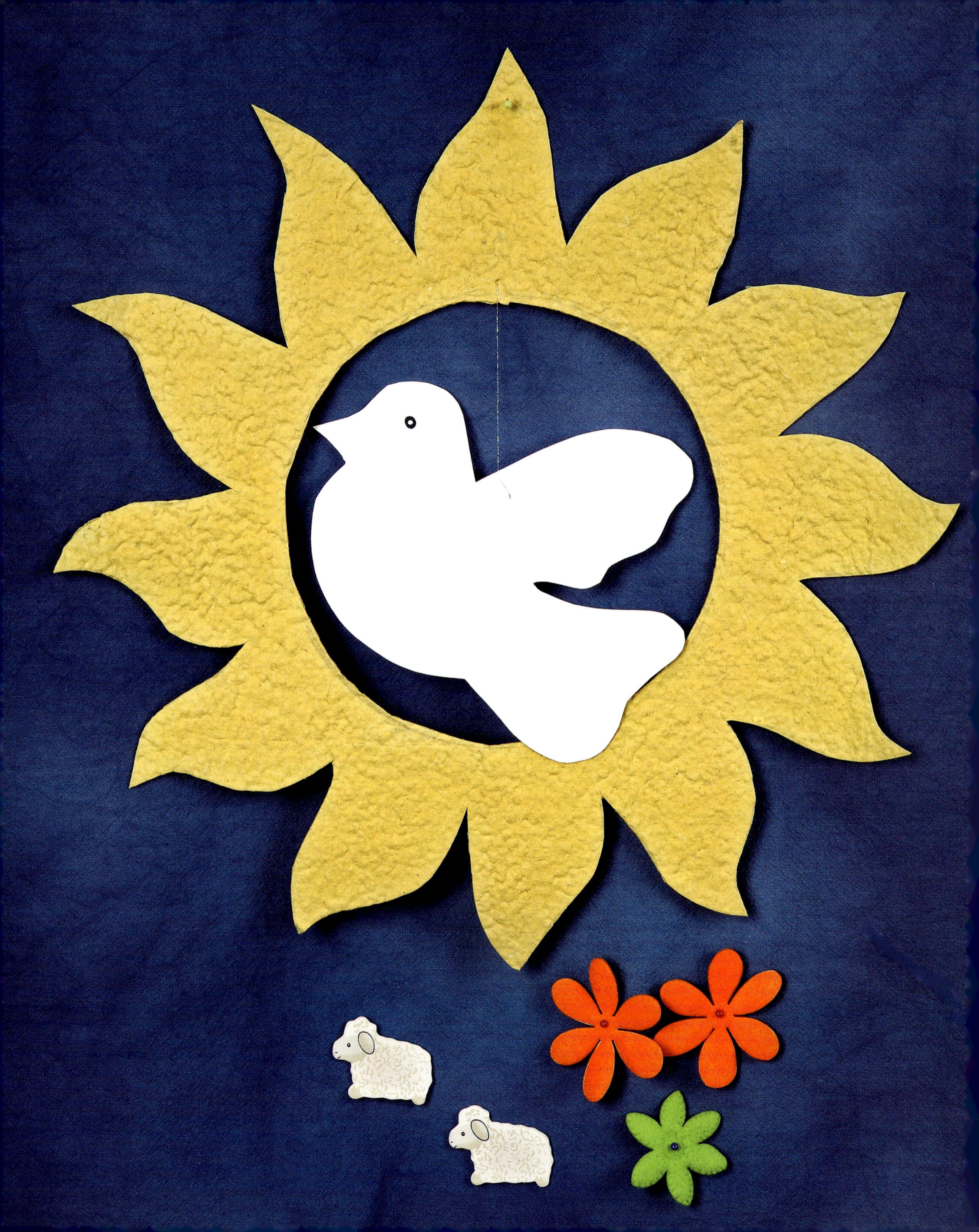

PFINGSTEN

Die Taube in der Pfingstsonne

Dieses kleine Mobile schmückt die Fenster nicht nur zur Pfingstzeit.

So wenig brauchst du dafür:

- Transparentpapier
- beliebigen Karton
- Bleistift
- Klebstoff
- Schere
- Buntstifte
- Nadel und Faden
- gelben und weißen Fotokarton

Bastelvorlage im Anhang auf S. 136

Und so schnell geht's:

Nachdem ihr euch das Motiv in der Größe eurer Wahl abgepaust, aufgeklebt und ausgeschnitten habt, übertragt ihr die Schablonen auf den farblich passenden Fotokarton. Die ausgeschnittene Taube fädelt ihr auf den Faden und hängt sie in die Mitte der Pfingstsonne. Übrigens: Zu dieser Bastelarbeit findet ihr in unserem Buch eine kleine Geschichte auf der nächsten Seite.

PFINGSTEN

Der Rabe und die Taube

Es war einmal ein schwarzer Rabe, der lebte in einem Kirchturm nahe des Waldrandes. Es war nicht gerade die ideale Wohnung für einen Raben. Aber es war dort oben einigermaßen windgeschützt und auch vor Regen war er hier sicher. Der Weg hinunter zum Vogelbeerenstrauch im Garten des Pfarrhauses war auch nicht allzu weit. Und wenn er sich langweilte, flog er zu seinem Freund, dem Fink, hinüber, der in einer der großen Kastanien im Kirchengarten lebte, und die beiden machten einen Rundflug durch die Stadt. Manchmal setzten sie sich auch einfach nur ein paar Meter weiter unten in die kleine Fensterluke vom Hauptportal der Kirche. Jeden Sonntag versammelten sich dort viele Menschen, um zusammen zu singen und sich Geschichten vorzulesen. Dann saßen der Rabe und sein Freund ganz still und lauschten.

Alles in allem führte der Rabe ein angenehmes Vogelleben. Doch es gab eine Sache, die ihm sein Zuhause mehr und mehr verleidete: Das waren die Kirchturmglocken. Sie läuteten zu jeder Stunde die Uhrzeit – so laut und kräftig, dass der Kirchturm richtig in Schwingungen geriet. Vor allem mittags, wenn es zwölf Glockenschläge gab, war es unerträglich laut. Und als wäre das nicht schon schlimm genug, spielten die Glocken anschließend noch eines der Lieder, die die Menschen in der Kirche manchmal sangen. Von morgens früh bis spät in die Nacht hinein ging das so. Und jeden Sonntagvormittag gab es ein extra lautes Geläut, durch das die Menschen zum Gottesdienst eingeladen wurden.

Der Rabe hatte nichts gegen Musik. Es gefiel ihm auch, dass die Glocken je nach Jahreszeit andere Lieder spielten. Das hatte etwas mit den Feiertagen der Menschen zu tun. Im Winter spielten die Glocken Weihnachtslieder, zu Ostern gab es Osterlieder und dann, ein paar Wochen später, wurden die Glocken wieder auf andere Lieder umgestellt. Eigentlich war die Sache mit dem Glockenspiel eine

PFINGSTEN

schöne Idee – wenn die Glocken eben nur nicht so furchtbar laut wären.

Wenn man oben im Turm blieb, war die Lautstärke kaum auszuhalten. Deshalb flüchtete der Rabe zu jeder vollen Stunde aus seinem Schlupfloch im Turm und setzte sich ein paar hundert Meter weiter in eine Baumkrone, um zu warten, bis das Spiel vorbei und wieder Stille im Kirchturm eingekehrt war. So ging das nun schon seit über einem Jahr. Bei Wind und Wetter verließ der Rabe sein schützendes Obdach für die Dauer des Glockenspiels und oftmals kehrte er durchnässt und frierend zurück und verfluchte den Tag, da er in diese Stadt gekommen und in den Kirchturm gezogen war.

Freilich, in seiner alten Stadt hatte er auch in einem Kirchendach gewohnt. Er wohnte gerne so weit oben. Von einem Turm aus hat man einfach den besten Überblick über die Stadt. Aber die Kirche in seiner alten Stadt hatte keine Glocken gehabt. Das Wohnen dort war also nahezu perfekt gewesen. Doch dann hatte sich eines Tages ein gefräßiger Marder mit seiner Familie ins Kirchendach eingeschlichen und sich dort häuslich eingerichtet. Seine Wohnung mit einer Marderfamilie zu teilen, war dem Raben nicht ganz geheuer. So musste er sich wohl oder übel eine neue Bleibe suchen und war schließlich in dem Kirchturm des Nachbarorts gelandet.

Gerne wäre er in das kleine Spitztürmchen am Rathaus eingezogen. Es war fast so hoch wie der Kirchturm, weil das Rathaus auf einem Hügel mitten in der Stadt stand. Außerdem waren sämtliche Öffnungen des Türmchens zu klein, als dass ein Marder oder ähnlich gefährliche Raubtiere dort für unangenehmen Besuch hätten sorgen können. Dummerweise war das Rathaustürmchen schon bewohnt, als der Rabe in die Stadt kam. Eine Taube hatte sich dort ein beschauliches Nest gebaut und dachte nicht daran, diese Traumwohnung an den Raben abzutreten. Der Rabe mochte die Taube nicht besonders. Dabei hatte sie ihm gar nichts getan. Aber schon, wenn er ihr zufriedenes Gurren vernahm, sträubten sich dem Raben die Federn im Nacken. Insgeheim beneidete er sie nicht nur wegen der Wohnung im Rathaustürmchen. Aber das konnte er natürlich nicht zugeben. Gerne hätte er nämlich selbst so schönes weißes Gefieder wie sie. Und er hatte schon oft beobachtet, wie eine alte Dame der Taube auf dem Marktplatz Brotkrumen zuwarf. Wenn er, der Rabe, hingegen auf den Marktplatz kam, bekam er nichts zugeworfen. Meistens wurde er nicht einmal richtig wahrgenommen. Einmal war er sogar fast unter die Räder eines Kinderwagens gekommen, den eine achtlose Frau genau in die Ecke schob, in der der

Rabe hockte und von einer heruntergefallenen Eiswaffel naschte.

*E*inmal hatte der Rabe vom Kirchturm aus gesehen, wie Menschen auf einer Hochzeitsfeier zwei weiße Tauben aus einem Kasten nahmen und fliegen ließen. Er war den beiden damals gefolgt. Sie flogen zu einem Bauernhaus etwas außerhalb der Stadt. Dort hatten die Menschen ihnen ein eigenes Häuschen gebaut, hoch oben auf einem Pfahl, damit weder ein Marder noch ein anderes wildes Tier je zu ihnen gelangen konnte. In dem Taubenhaus gab es Futter, so weit das Auge reichte, und auf dem Platz davor stand sogar ein Vogelbad. Es war so schön auf diesem Bauernhof, dass der Rabe beschlossen hatte, dort zu bleiben und sich eine Wohnung einzurichten. Doch als er Hunger bekam und sich ein paar Kirschen aus dem großen Kirschbaum im Garten stibitzen wollte, kam ein Mann aus dem Bauernhaus und schickte den großen Hofhund voraus, um den Raben zu vertreiben. Und auch auf dem Getreideacker konnte der Rabe kein Saatgut naschen, denn überall auf dem Feld standen riesige Männer mit schrecklichen Fratzen, an denen er sich nicht vorbeitraute. Er konnte ja nicht wissen, dass es sich nur um Vogelscheuchen aus Holz und Stroh handelte. So flüchtete der Rabe nach ein paar Wochen in die Stadt zurück. Doch auch hier war das Leben bei den Menschen nicht leicht für ihn.

Eines Sonntags, als der Rabe wieder einmal den Kirchturm verließ, weil das Geläut zum Gottesdienstbeginn kurz bevorstand, regnete es gerade in Strömen. So zog er sich statt in eine Baumkrone wieder einmal in die kleine Fensterluke im Kirchportal zurück. Dort wollte er das Läuten abwarten. Doch als die Glocken einige Minuten später verstummten, regnete es immer noch. Also beschloss er, in der Luke sitzen zu bleiben und sich wieder einmal eine Geschichte anzuhören.

*D*ie Kirche war heute besonders mit Blumen und bunten Tüchern geschmückt. Das war immer ein Zeichen dafür, dass die Menschen ein Fest feierten. Und tatsächlich – der Pfarrer in der Kirche sprach von etwas, das er Pfingsten nannte. Und in der Geschichte, die er den Gottesdienstbesuchern vorlas, hieß es, der Heilige Geist würde heute vom Himmel herabkommen. Dann rief der Pfarrer ein paar Kinder nach vorne, die eine große Taube aus Pappe gebastelt hatten. Sie wurde an Bändern befestigt und über dem Altar aufgehängt. „Das ist das Symbol für den Heiligen Geist", sagte der Pfarrer und die Menschen applaudierten den Kindern für ihre Bastelarbeit. Der Rabe verstand nicht recht, was das für ein Geist sein sollte, der heute vom Himmel herabkommen würde. Aber das war ihm eigentlich auch gleichgültig. Etwas anderes brachte ihn ins Grübeln. „Wieso ausgerechnet die Taube?", fragte er sich. Ausgerechnet sie durfte wieder einmal im Mittelpunkt stehen. Noch nie hatte jemand ein Bild von ihm, dem Raben, irgendwo aufgehängt. Offenbar sahen die Menschen in der Taube etwas Besonderes. Der Rabe platzte fast vor Eifersucht. Da gesellte sich sein Freund, der Fink, zu ihm.

„Ich habe verschlafen", rief er ganz aus der Puste. „Hat es schon angefangen? Was habe ich verpasst?"

„Gar nichts", maulte der Rabe. „Die Geschichte heute war nicht gut."

„Mann, was ziehst du denn für ein grimmiges Gesicht?", fragte der Fink erstaunt.

„Ach, es ist nur wegen dieser unverschämten Taube", schimpfte der Rabe. „Ständig drängt sie sich in den Vordergrund und tut, als sei sie etwas Besseres als wir."

„Tut sie das?", fragte der Fink.

„Schau doch selber!", rief der Rabe und wies auf die Papptaube. „Schau, wie sie sich von den Menschen verehren lässt!"

Der Fink folgte dem Blick des Raben und staunte. „Was ist das denn?", fragte er.

„Ich weiß auch nicht so genau. Der Pfarrer hat wieder aus dem großen Buch vorgelesen, und da war von einem Geist die Rede. Und dass die Taube ihn darstellt."

„Und deshalb machst du so ein Gesicht? In dem Buch gibt es doch hunderte Geschichten. Da ist doch sicher auch eine über dich dabei", versuchte der Fink zu beschwichtigen. „Komm, wenn die Menschen weg sind, fliegen wir runter und schauen nach." Die beiden warteten, bis der Gottesdienst vorüber war und die Menschen aus der Kirche strömten. Dann flog der Fink durch die Luke in die Kirche hinein direkt zu der aufgeschlagenen Bibel, die der Pfarrer hatte liegen lassen. Der Rabe folgte ihm zögerlich. Über eine Stunde blätterten die beiden Vögel durch das dicke Buch und überflogen die

PFINGSTEN

Seiten auf der Suche nach dem Wort „Rabe". Und tatsächlich: Mitten in einer Geschichte über ein Boot voller Tiere, das Arche Noah hieß, entdeckte der Rabe seinen Namen.

„Hier steht etwas über mich, sieh doch, sieh doch!", rief er aufgeregt. Aufmerksam begannen er und der Fink, die Geschichte zu lesen. Sie handelte von Noah, der während einer großen Sturmflut alle die Tiere auf ein großes Schiff brachte und so vor dem Untergang bewahrte. Als die Flut wieder zurückging, schickte Noah zweimal einen Raben los, um nach Land zu suchen. Doch er kam zweimal unverrichteter Dinge zurück und die Menschen waren enttäuscht. Beim dritten Mal schickte Noah dann eine Taube los. Und die fand tatsächlich einen Baum und brachte einen Zweig davon zurück auf das Schiff, sodass die Menschen jubelten. Der Rabe kochte vor Wut.

„Das ist ja nicht zu fassen!", schimpfte er. „Da ist ja schon wieder die Taube die Hauptperson! Dabei hätte ein Rabe genauso gut den Zweig mitbringen können. Sie hätten ihn eben noch ein drittes Mal fliegen lassen müssen!"

„Du hast Recht", pflichtete ihm der Fink bei. „Die tun gerade so, als sei die Taube etwas Besonderes."
Beleidigt verließen die beiden Vögel die Kirche wieder durch die Fensterluke, setzten sich auf die Kirchturmspitze und schimpften um die Wette auf die Ungerechtigkeit der Menschen.

Das hörte eine Elster im Vorbeiflug und ließ sich neugierig bei den beiden nieder. „Was ist denn mit euch los?", fragte sie. „Warum schimpft ihr so?"

„Ach", seufzte der Fink, „es ist nur wegen der Taube. Die Menschen bevorzugen sie und wir gehen leer aus. Das ist nicht fair!"

„Ach, über die Menschen würde ich mich doch nicht aufregen. Schaut mich an: Nur weil ich glitzernde Sachen mag, denken die Menschen, wenn ihnen Schmuck oder Geld fehlt, ich hätte es genommen. Und sie nennen mich ‚diebische Elster'."

„Das ist ja gemein!", rief der Fink und der Rabe fügte hinzu: „Wenn etwas bei den Menschen schiefgeht, sagen sie: ‚Das ist ein rabenschwarzer Tag'. Dabei habe ich ihnen überhaupt nichts getan. Und wenn jemand nicht auf sein Kind aufpasst, dann sagen sie: ‚Das sind Rabeneltern'. Die Menschen sehen in mir nur schlechte Eigenschaften!"

Eine kleine Meise hörte das Gezeter von der Kirchturmspitze und flog näher, um mitreden zu können.

„Ich werde auch als schlecht angesehen!", sagte sie. „Wenn jemand einen dummen Vorschlag macht, dann sagen die Menschen: ‚Du hast ja eine Meise'. Was sagt ihr dazu?"

PFINGSTEN

„Das ist schlimm!", empörte sich die Elster und Rabe und Fink schüttelten wütend die Köpfe. Zwei Schwalben gesellten sich dazu. „Was macht ihr hier für eine Versammlung?", fragten sie. „Können wir mitmachen?"

„Natürlich, setzt euch nur dazu!", lud der Rabe ein. „Wir reden gerade darüber, dass die Menschen uns Vögel so oft schlechte Eigenschaften zuschreiben. Nur die Taube wird ständig gelobt."

„Diese Menschen!", sagten die Schwalben. „Die denken, sie können auf uns herumhacken, wie es ihnen gefällt. Von uns Schwalben sagen sie sogar, dass wir schlechtes Wetter mitbringen, wenn wir besonders knapp über dem Boden fliegen. Dabei haben wir mit dem Wetter gar nichts zu tun, wir richten uns nur nach den Insekten. Wenn die unten fliegen, fangen wir sie eben unten."

„Aber das ist noch gar nichts", hetzte der Rabe die anderen weiter auf. „Auf dem Land habe ich mal gehört, wie der Bauer seine Gans als ‚dumm' bezeichnet hat."

*S*o schimpften die Vögel miteinander und stritten sich darum, wer von ihnen am schlechtesten behandelt wurde. Immer mehr Vögel gesellten sich dazu. Es waren so viele, dass der Pfarrer schon irritiert zum Kirchturm hinblickte, weil von der Spitze ein so lautes Gepiepe und Gezwitscher herunterklang.

„Die Menschen haben überhaupt keine Achtung vor uns!", meinte der freche Spatz schließlich. „Jeder von uns wurde schon von ihnen beleidigt."

„Nur die Taube ist immer fein raus", fügte der Rabe hinzu. „Ihr setzen sie sogar ein Denkmal in der Kirche."

Und er erzählte den anderen, was er und der Fink in der Kirche beobachtet hatten.

„Wir sollten denen zeigen, was wir von dem Pappvogel halten!", sagte die Elster.

„Recht habt ihr", riefen die Schwalben. „Lasst uns die Taube zerstören!"

„Gleich morgen früh treffen wir uns und erledigen sie!", beschlossen die Vögel. Dann flogen sie nacheinander heim. Nur der Rabe saß noch lange draußen auf der Kirchturmspitze und dachte nach. Die Papptaube zerstören, okay, das war ein erster Schritt. Aber ändern würde das noch lange nichts. Er wollte auch die echte Taube vertreiben, damit er selbst die Wohnung im Rathaustürmchen beziehen konnte.

Am nächsten Morgen versammelten sich die Vögel wieder auf der Kirchturmspitze. Von dort aus flogen sie, angeführt vom Raben, nacheinander zu der Fensterluke hinunter und schlüpften durch sie hindurch in die Kirche. Still war es hier. Ein leichter Duft von Kerzenwachs lag in der Luft. Die Bibel lag noch genau so aufgeschlagen, wie der Fink und der Rabe sie am Tag zuvor hinterlassen hatten. Als die anderen Vögel die große Papptaube sahen, erschraken sie. Sie hatten sie sich viel kleiner und weniger eindrucksvoll vorgestellt. Jetzt, da sie dort über dem Altar schwebte, wirkte sie mächtig und unerschütterlich.

„Meint ihr wirklich, dass es eine gute Idee ist, sie kaputt zu machen?", fragte die Amsel.

Auch der Kuckuck zögerte. „Was ist, wenn da wirklich ein Geist in der Taube ist? Er könnte uns bestrafen."

„Papperlapapp!", rief der Rabe.

„Seht doch, wie arrogant sie aussieht. Die hält sich für etwas Besseres! Das können wir uns doch nicht gefallen lassen!"

„Aber eigentlich kann doch die Taube nichts dafür", bemerkte die Meise. „Schließlich haben die Menschen dieses Bild von ihr gebastelt. Ich wette, sie weiß nicht einmal, dass sie dieser Geist sein soll."

„Natürlich weiß sie das", behauptete der Rabe. „Und sie bildet sich wer weiß was darauf ein und meint, ihr gehört alles. Die Brotkrumen auf dem Marktplatz, die Wohnung im Rathaus, eben alles. Wir müssen ihr eine Lehre erteilen! Los jetzt, auf sie!", rief er.

Doch niemand folgte seinem Aufruf.

„Was ist, worauf wartet ihr?"

„Du zuerst!", sagte der Fink.

„Feige Bande", murmelte der Rabe. „Also gut, ich fange an. Nieder mit der Taube!"

Entschlossen flog er auf den Pappvogel zu, rammte ihm den Schnabel in die Brust und riss ein großes Loch hinein. Papierfetzen segelten durch die Luft und landeten auf dem Altar. Die Taube wehrte sich nicht. Noch einmal griff der Rabe an, diesmal durchtrennte er eines der Bänder, an denen der linke Flügel der Taube befestigt war. Nun hing der Pappvogel schräg. Als die anderen Vögel das sahen, brachen sie in Jubelschreie aus und stürzten sich nun ebenfalls auf die wehrlose Papptaube. Es war eine fürchterliche Schlacht. Am Ende lag der gesamte Altarraum voller Papier- und Pappstückchen. An der Schnur baumelte nur noch der gebastelte Taubenschwanz.

„Wir haben sie zerstört!", jubelte der Rabe. „Von wegen Geist, ein Nichts ist diese Taube!"

Auch die anderen Vögel waren stolz. So übermächtig war ihnen der Pappvogel vorgekommen, doch sie hatten ihn erledigt.

Da hörten sie ein leises Gurren. Die Taube aus dem Rathaus hatte sich unbemerkt in die Fensterluke gesetzt.

„Ach, hier seid ihr alle", sagte sie. „Ich habe euch schon gesucht! Unsere Kinder sind endlich geschlüpft und meine Frau und ich wollten euch zu einer kleinen Feier einladen."

Dann sah sie die herumliegenden Papierfetzen und stutzte. „Was um Himmels willen habt ihr denn getrieben?", fragte sie und betrachtete die Pappreste. „War das etwa eine Taube?"

Erschrocken schüttelten die Vögel ihre Köpfe. Plötzlich schämten sie sich für das Gemetzel, das sie angerichtet hatten. Während sie voller Hass auf den Papiervogel losgegangen waren, hatte die Taube ihnen eine Party ausgerichtet. Nur der Rabe schaute wütend zu der Taube hinauf. „Jawoll!", sagte er und seine Stimme klang bedrohlich. „Wir haben dein Denkmal zerstört. Nun siehst du, was mit einem passiert, wenn man sich über alle anderen stellen und etwas Besonderes sein will."

„Habe ich das denn gemacht?", fragte die Taube verwundert.

Betreten sahen die Vögel sich an.

„Naja", meinte der Fink schließlich und zeigte auf die Bibel. „In dem Buch da steht so etwas drin. Zumindest, dass du ein besonderer Vogel sein sollst."

„Und andauernd bekommst du die besten Sachen und die Menschen loben dich und hängen Bilder von dir auf", fügte die Amsel hinzu.

„Das ist ja Blödsinn", sagte die Taube. „Was schert es mich denn, was die Menschen über mich denken? Nun kommt, meine Frau wartet mit dem Essen. Oder wollt ihr unsere Kinder nicht begrüßen?"

Die Vögel schwiegen betroffen. Es dämmerte ihnen, dass die Taube Recht hatte. Es war doch egal, was die Menschen ihnen für Namen gaben.

„Also, ich will schon", piepste der Spatz schließlich. „Ich auch! Ich auch!", rief einer nach dem anderen.

PFINGSTEN

„Endlich mal wieder ein Grund zu feiern!"
„Also los, dann alles mir nach! Unsere Wohnung ist groß genug für alle!", rief die Taube und flog voraus. Die Vögel folgten ihr.
Alle, außer dem Raben. Der blieb zwischen den Pappfetzen auf dem Altar sitzen und grübelte. Was war nur schief gelaufen? Eben noch waren alle seiner Meinung gewesen und hatten eine Wut auf diese Taube gehabt. Aber kaum sprach die ein paar Worte, änderten alle ihre Meinung. Und statt ihm zu helfen, die Taube aus dem Rathaus zu vertreiben, feierten sie nun alle friedlich zusammen eine Party – ausgerechnet in der Wohnung, die der Rabe so gerne gehabt hätte. Das war doch zum Federnraufen! Frustriert schaute sich der Rabe in der Kirche um. Und er wurde traurig. Die Papptaube zu zerstören war keine seiner besten Ideen gewesen. Was würden nur die Kinder, die sie gebastelt hatten, sagen, wenn sie die Katastrophe zu Gesicht bekamen?

Das schlechte Gewissen nagte tief an dem Raben und so begann er, die verstreuten Pappfetzen Stück für Stück zusammenzutragen und auf einen großen Haufen vor dem Altar zu legen. Dann begann er, die Teile zu einem Puzzle zusammenzufügen. Es war eine mühsame Arbeit, die mehrere Stunden dauerte. Einige der Teile waren einfach nicht wieder aufzufinden. Doch als der Rabe seine Arbeit beendet hatte, erkannte man in den Pappstücken immerhin wieder die Gestalt einer Taube. Erschöpft hockte er sich daneben und schlief ein.
Ein Pfiff von der Fensterluke her ließ ihn hochfahren. Es war sein Freund, der Fink.
„Hey, Rabe! Warum kommst du nicht mit auf die Party, es ist super! Die Amsel und der Star machen Karaoke und die Schwalben tanzen dazu wie verrückt. Es ist sehr lustig. Und zu essen gibt es auch noch genug."
Der Fink stieß sich vom Fenster ab und flog herunter zum Raben. „Donnerwetter", staunte er. „Du hast das Pappding ja fast wieder hinbekommen! Reife Leistung. Und das ganz allein!"

PFINGSTEN

„Ich schätze, ich habe einiges wieder gutzumachen", seufzte der Rabe. „Ich habe euch alle aufgehetzt, um euch für meine Rache zu benutzen. Das war nicht richtig."

„Wir haben ja auch alle mitgemacht", meinte der Fink. „Wir sind genauso schuld."

„Wer weiß, zu was wir in unserer Wut noch alles fähig gewesen wären. Wenn ich nur daran denke, wird mir ganz schlecht", stöhnte der Rabe. „Ich schäme mich deswegen sehr."

„Zum Glück kam die Taube mit ihrer Einladung – das hat uns alle wieder besänftigt", meinte der Fink. „Sie ist eben sehr friedliebend."

Der Rabe starrte seinen Freund entgeistert an.

„Das ist es!", rief er. „Du hast es erfasst!"

„Was denn?", fragte der Fink. „Was meinst du?"

„Ich meine", sagte der Rabe, „ich meine: Sie ist friedlich. Sie hat noch nie jemandem etwas zu Leide getan. Das ist der Grund, weshalb die Menschen die Taube für diesen besonderen Geist halten!"

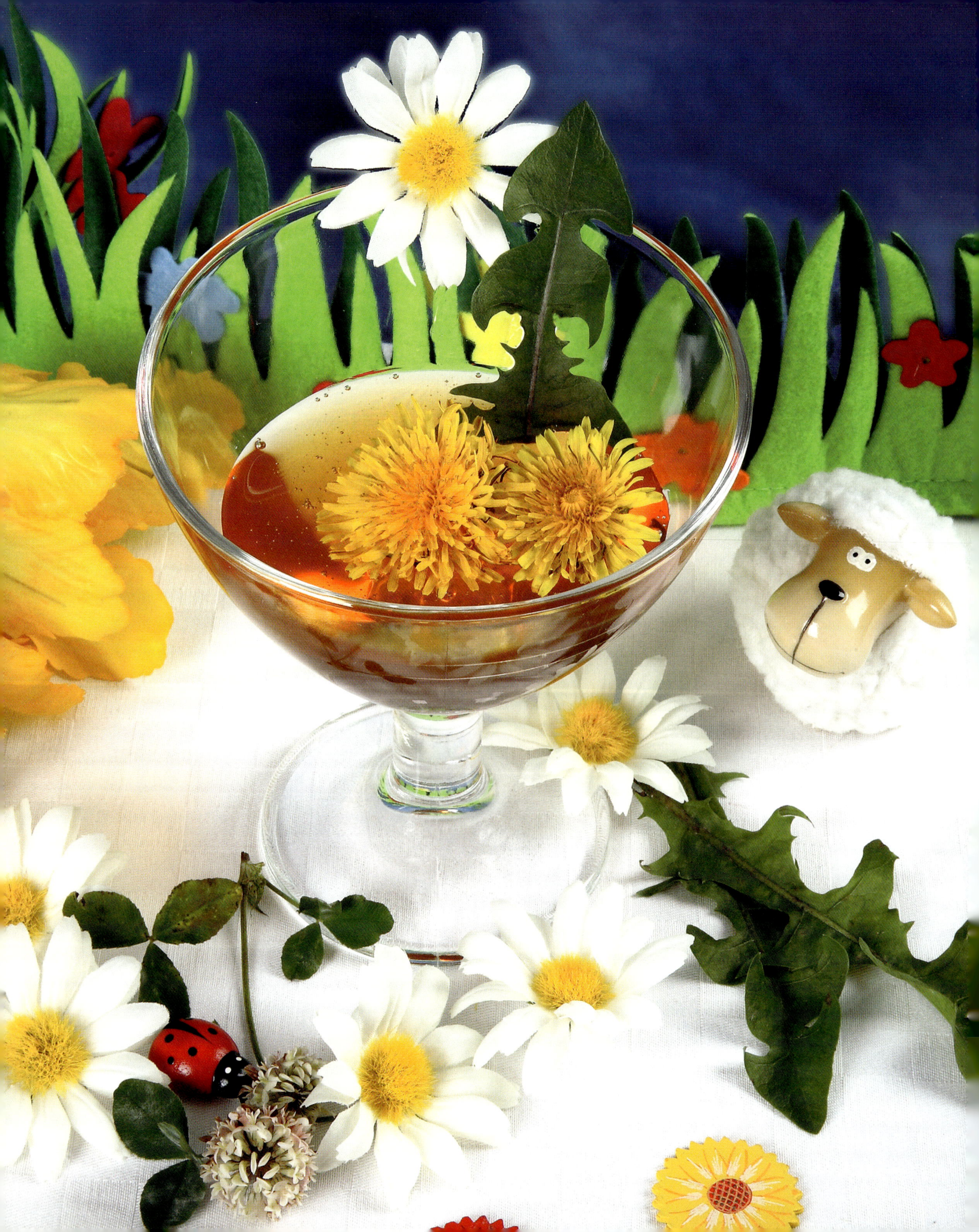

Löwenzahnhonig

Welches Kind bläst nicht gerne die Fallschirmchen der Pusteblume fort. Aber wusstet ihr auch, dass man früher die Butter mit den leuchtend gelben Blüten goldgelb gefärbt hat? Die jungen Blätter ergeben einen vitaminreichen Salat. Die Wurzel der Pflanze, getrocknet und geröstet, diente früher als Kaffeeersatz. Doch nun zu einer besonders leckeren Variante der beliebten Blume, dem Löwenzahnhonig.

Dazu wird benötigt:

50 g Löwenzahnblüten
ohne die bitteren grünen Blütenkelche
¼ Liter Wasser
250 g Zucker
Saft von einer Orange

Und so schnell geht's:

Die gelben Zungenblüten 6 Minuten in kochendem Wasser ziehen lassen. Durch ein Sieb gießen und mit Zucker und Orangensaft 10 bis 15 Minuten zu einem Sirup einreduzieren lassen. Vorsicht: Der Sirup wird sehr heiß.

Noch warm in Gläser abfüllen. Schmeckt besonders lecker auf frischen Sonntagsbrötchen.

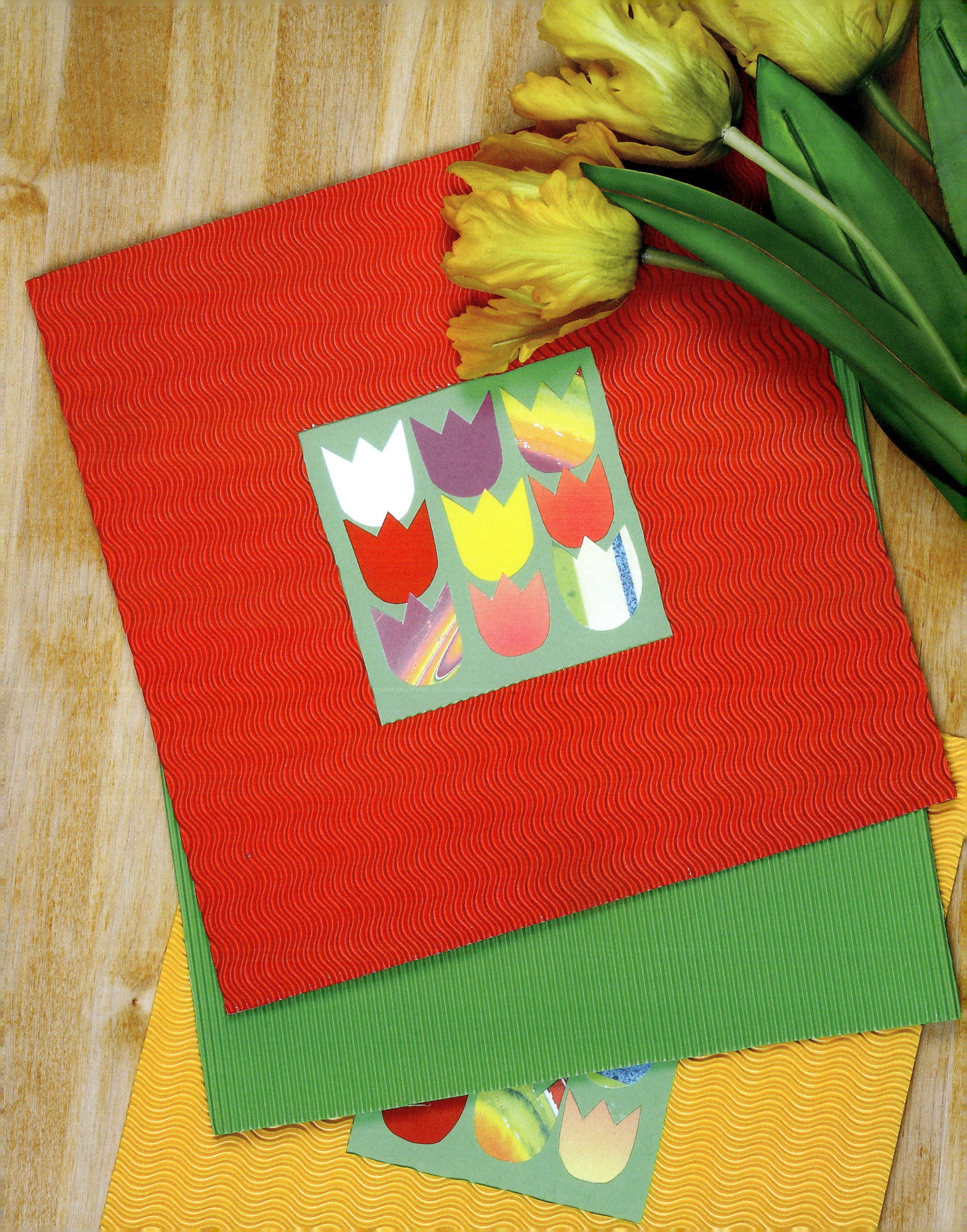

PFINGSTEN

Tulpenpassepartout

Frische, fröhliche Farben verschönern jedes Zimmer.
Gestaltet euch doch mal selbst eine kleine Bildergalerie.
Dazu findet ihr hier ein paar Tipps.

Dazu braucht ihr Folgendes:

Well- oder Strukturkarton in DIN A4
Transparentpapier
beliebiger Karton
Bleistift
Schere
Klebstoff
festes farbiges Ton- bzw. Motivpapier
oder Ähnliches

Bastelvorlage im Anhang auf S. 138

So schnell ist's fertig:

Zeichnet das Motiv für die Tulpenblüten und das Bildfenster von der Vorlage ab und fertigt euch eine Schablone an. Der Bilderrahmen aus Wellpappe hat die Maße 21 x 21 cm. Das Bildfenster in der Mitte von 10 x 10 cm müsst ihr herausschneiden. Mit einem weiteren Karton von 21 x 21 cm Größe hinterklebt ihr die Öffnung des Bilderrahmens. Achtet dabei auf die Farbe des Bildhintergrundes. Nun schneidet ihr so viele Tulpenblüten aus, wie ihr für euer kleines Kunstwerk benötigt. Mehrere unterschiedliche Tulpenbilder an einer Wand verschönern jeden Flur und bringen eine frühlingshafte Atmosphäre in jedes Zimmer.

Frühling

FRÜHLING

Wann fängt eigentlich der Frühling an?

Jedes Jahr am 21. März fängt der Frühling an, jedenfalls bei uns in Europa und in Amerika. Wir leben nämlich auf der Nordhalbkugel der Erde. In Asien und Australien und Südamerika beginnt dann der Herbst. Wieso? Weil dann bei uns die Sonne immer höher steigt und jeden Tag ein bisschen länger scheint. Im Süden ist es umgekehrt. Das liegt aber nicht an der Sonne, sondern an der Erde.

Unser Planet bewegt sich auf einer rotierenden Bahn um die Sonne, Ekliptik genannt. So erreicht die Sonne an jedem Ort auf der Erde übers Jahr verschiedene Mittagshöhen. Sommer ist, wenn sie von uns aus am höchsten steht, Winter, wenn sie einen ganz flachen Bogen am Himmel zieht. Zu Frühlingsanfang beginnt sie, einen immer höher werdenden Platz einzunehmen.

Der Garten wird lebendig

Wer im Herbst Blumenzwiebeln in den Beeten vergraben hat, der kann im März und April zuschauen, wie kleine grüne Spitzen aus der Erde hervorbrechen, allmählich immer dicker und länger werden. Die allerersten Blüten auf dem kahlen Gartenboden schenken uns die Winterlinge, Schneeglöckchen und Krokusse. Krokusse in Gruppen sehen aus wie bunte Osternester. Es gibt gelbe, weiße, lila und rosa, sogar gestreifte sind dabei. Danach kommen die zarten Wildtulpen, dann die Osterglocken und Narzissen. Anfang April legen die Tulpen richtig los und veranstalten einen Wettbewerb der Farben. Es gibt unzählige verschiedene Tulpenarten, solche mit riesigen Blüten, andere mit feinen spitzen Blütenblättern, gefüllte

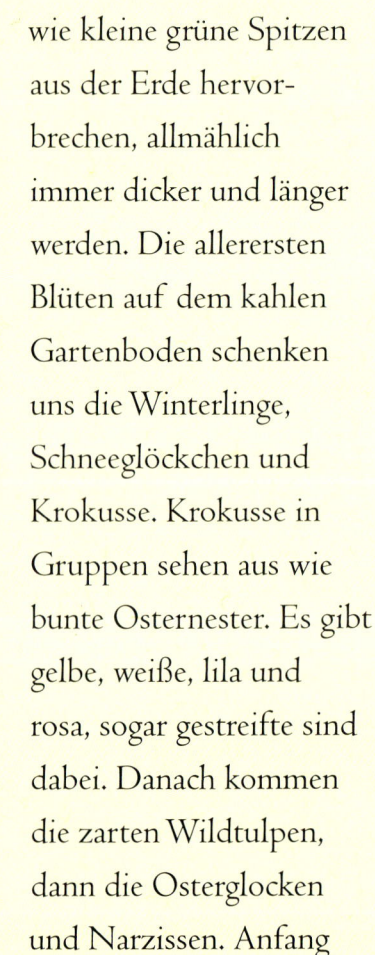

Tulpen, Papageientulpen, frühe und späte Tulpen, rote, rosa, orange, schwarze, lila, weiße, gelbe, aber keine blauen! Wer die Zwiebeln geschickt ausgesucht hat, der kann von März bis Juni immer neue Tulpen in seinem Garten bewundern. Im Mai breiten dann die Traubenhyazinthen und Vergissmeinnicht einen blauen Teppich aus. Und ihre großen Verwandten, die rosa, weißen und blauen Hyazinthen, liefern den süßen Duft dazu.

Wer keinen Garten hat, der kann ein Frühlingsbeet im Blumenkasten auf dem Balkon oder auf dem Fensterbrett anpflanzen oder die Schönheit der Blumen in den Parks oder im Botanischen Garten bewundern.

Das große Erwachen

Nicht nur die Pflanzen und Bäume halten Winterschlaf, auch viele Tiere. Den Rekord hält der Siebenschläfer, der glatte sieben Monate in einer Baumhöhle verschläft, nämlich von Oktober bis Mai. Ein anderer Langschläfer ist der Igel. Er baut sich sein Nest gern unter einen warmen Komposthaufen oder unter den Bretterboden eines Schuppens. Jedenfalls mag er es trocken und kuschelig. Auch die Haselmaus, der Hamster und die Fledermaus verschlafen die kalte Jahreszeit. Wenn die Sonne endlich wieder länger scheint, wachen die Winterschläfer langsam auf und sind sehr hungrig. Dann beginnt auch der Maulwurf, seine unterirdischen Gänge zu graben und große Erdhügel aufzuwerfen.

Gleichzeitig kehren viele Vögel zurück, die den Winter in wärmeren Ländern südlich der Alpen oder sogar in Afrika verbracht haben. Die Stare machen einen Höllenlärm, Schwärme von Kranichen, Störchen, Enten, Gänsen, Drosseln, Grasmücken sind am Himmel zu sehen. Ganz zuletzt, im Mai oder Anfang Juni, kommen dann die Schwalben, die Mauersegler und der Kuckuck. Wer zum ersten Mal den Kuckuck rufen hört, der weiß, dass jetzt wirklich die warme Jahreszeit begonnen hat. Alle Vögel zusammen veranstalten vor allem am Morgen und Abend ein Riesenkonzert. Die stille Jahreszeit in der Natur ist endgültig vorbei.

Kinderstuben überall

Für die Tiere beginnt im Frühling die wichtigste Jahreszeit, denn alle bauen an ihren „Kinderstuben". Im März werden schon die ersten Häschen und Kaninchen geboren. Die einen irgendwo unter einem

Busch oder in einer Hecke, die anderen unter der Erde in einem Bau.

Alle Vögel bauen Nester und tragen Moos und kleine Zweige in ihren Schnäbeln herum. Mancher Kampf wird ausgetragen, dass die Federn fliegen: um den besten Nistplatz, das beste Revier oder die schönste Vogeldame. Dann folgen das Ausbrüten der Eier und die Futtersuche für die Kleinen. Dazwischen wird immer gesungen, damit alle hören: Das ist unser Platz! Außerdem müssen die Vogeleltern aufpassen, dass keine Krähe oder Elster, kein Marder, Eichhörnchen und keine Katze ihr Nest ausrauben. All das ist ziemlich stressig. Deshalb hört man immer wieder aufgeregte Vogelrufe, meistens ein scharfes „tik-tik-tik"! Damit warnen zum Beispiel die Amseln und Rotschwänzchen vor Gefahr.

Die Walpurgisnacht

Hexen und Zauberer kennen inzwischen alle aus den Büchern über Harry Potter. Doch schon immer waren die Menschen davon überzeugt, dass es solche Wesen mit dunklen Kräften gibt. Bestimmte Nächte werden deshalb als „Losnächte" oder „Freinächte" bezeichnet, weil Hexen und Geister in ihnen ihr Unwesen treiben. Solch eine Nacht ist zum Beispiel die Nacht vor dem 1. Mai, die Walpurgisnacht. Die allerletzten Wintergeister, die Hexen, treffen sich dann angeblich zu einem letzten Tanz auf dem Blocksberg, das ist der Brocken im Harz. Der Name Walpurgisnacht stammt von der Heiligen Walburga oder Walpurga, die am 1. Mai ihren Namenstag hat. In dieser Nacht brannten die Menschen auf den Hügeln Feuer ab, um die Hexen abzuwehren. Die Bauern streuten geweihtes Salz auf die Schwellen oder hängten Kräuterbüschel an die Türen, dann konnte keine Hexe hereinkommen. Alle Besen wurden umgekehrt aufgestellt, damit die Hexen nicht darauf reiten konnten. Auch das Läuten der Kirchenglocken oder Peitschenknallen sollten die Hexen vertreiben. Heute sind die meisten dieser Bräuche vergessen, stattdessen spielen Jugendliche in der Freinacht ihren Mitmenschen Streiche und Freundinnen treffen sich zum Hexentanz.

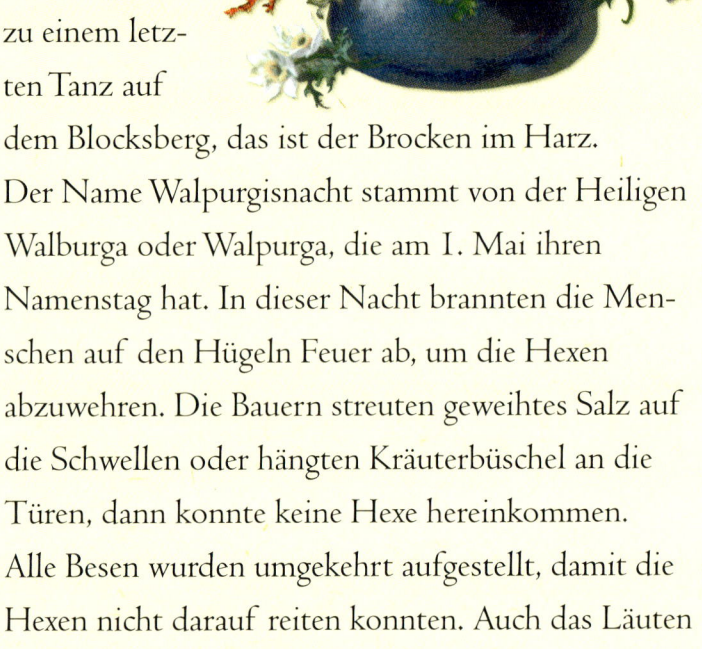

Der 1. Mai

Der erste Tag im Mai ist ein Feiertag, der viele Bedeutungen hat. Ganz offiziell ist er der „Tag der Arbeit" und viele Menschen versammeln sich in den Städten, um die Verdienste der Arbeiterbewegung zu feiern und Gerechtigkeit zu fordern. Es ist auch ein wichtiger Tag der Gewerkschaften, die für die Rechte der Arbeiter und Angestellten eintreten.

Der allererste Tag der Arbeiter wurde 1889 in den USA gefeiert.
Aber der 1. Mai hat noch viele andere Bedeutungen. Es ist der Beginn des „Wonnemonats", wenn endlich alle Erinnerungen an den Winter verblassen, wenn alle Blumen blühen, alle Vögel singen und die Menschen wieder das Leben im Freien genießen können. Früher gab es Maiprozessionen, in England sogar ein Maikönigspaar, in den deutschen Hansestädten einen Maigrafen. Auch heute wird in vielen Orten noch der Maitanz gefeiert, bei dem die Menschen fröhlich in den Frühling hineintanzen.

Der Maibaum

Ganz alt ist der Brauch des Maibaums. Dabei wird in der Mitte des Dorfes oder der Stadt ein sehr hoher Baumstamm aufgestellt, der vorher bunt geschmückt wird. Figuren der verschiedenen Handwerke zieren den Stamm, ein grüner Kranz wird ganz oben aufgehängt, bunte Bänder flattern. Der Maibaum soll zeigen, dass alle in einer Gemeinschaft verbunden sind und am Wohlergehen und Wohlstand für alle arbeiten. Wie ein richtiger Baum ist er ein Zeichen für das Wachstum im Frühling. Viele Männer sind nötig, um den Maibaum aufzustellen. Das ist eine schwierige Arbeit, denn technische Hilfe darf dabei nicht benutzt werden. Wenn er endlich sicher steht, wird um ihn herum getanzt.
Ein alter Brauch ist es, den Maibaum des Nachbardorfes zu „stehlen", bevor er aufgestellt wird. Deshalb muss der Baum in der Zeit vor dem 1. Mai gut bewacht werden. Wenn ihn die jungen Männer aus dem Nachbardorf aber gestohlen haben, dann muss man ihn mit Essen und Freibier zurückkaufen.

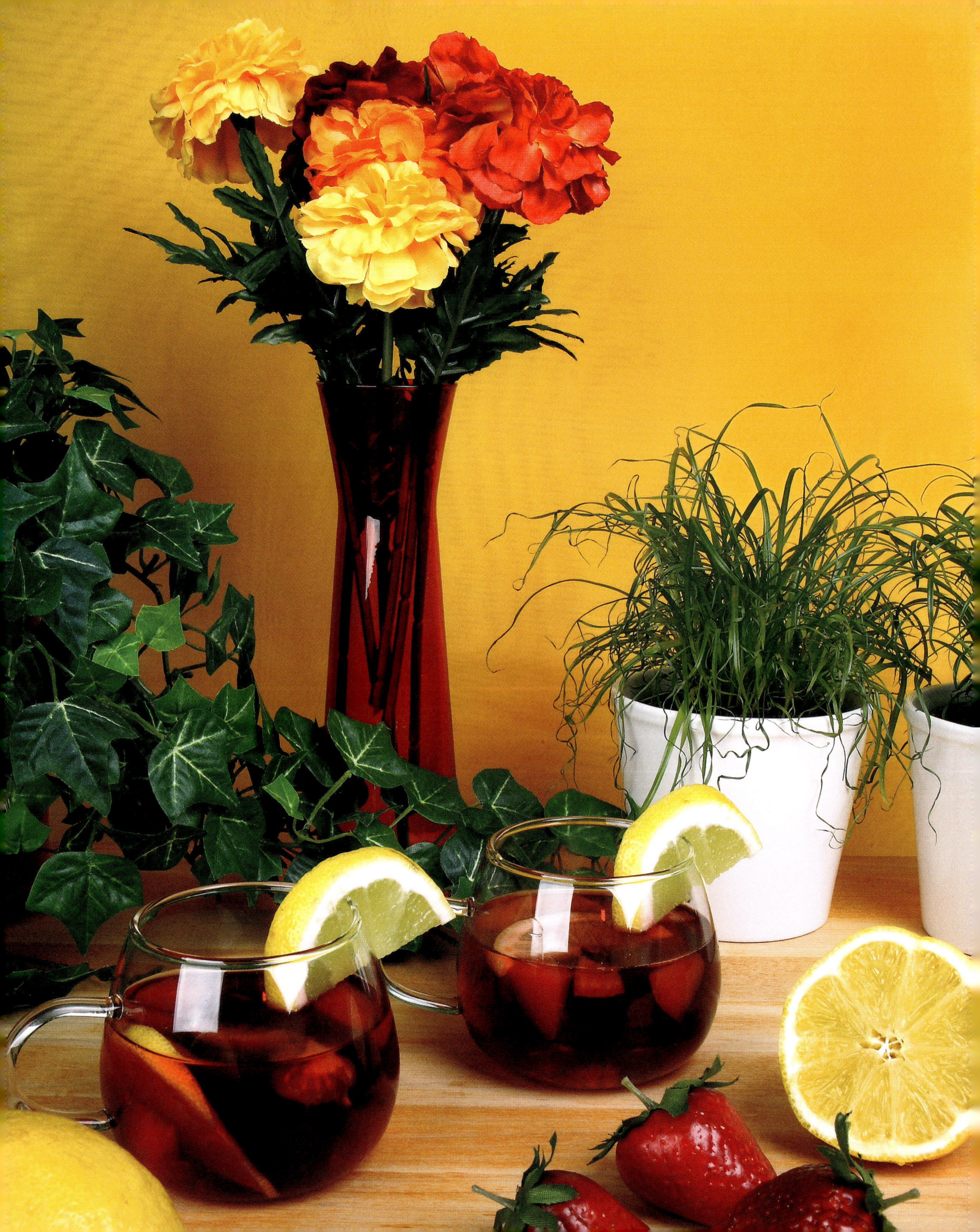

FRÜHLING

Frühlingsbowle für die Allerkleinsten

Die traditionelle Maibowle kennen wir alle. Aber wie wäre es mit einer Frühlingsbowle ganz anderer Art? Die ersten Erdbeeren der Saison machen sie besonders fruchtig.

Die Zutaten:

1 Liter leicht gesüßter Früchtetee eurer Wahl
1/4 Liter Apfelsaft
1 Flasche Mineralwasser
250 g Erdbeeren
eine unbehandelte Zitrone

So geht's:

Den Früchtetee (z. B. Erdbeer-Vanille oder Erdbeer-Himbeere) kochen und abkühlen lassen. Die Erdbeeren waschen, putzen und klein schneiden, mit dem Saft einer halben Zitrone beträufeln und kaltstellen.
Die restliche Zitrone in dünne Scheiben schneiden. Den abgekühlten Tee, den kaltgestellten Apfelsaft und das gekühlte Mineralwasser in ein ebenfalls gekühltes Gefäß geben und zum Schluss die Erdbeeren dazugeben.

Frühlingsgedichte

Frühling lässt sein blaues Band

Frühling lässt sein blaues Band
Wieder flattern durch die Lüfte.
Süße, wohlbekannte Düfte
Streifen ahnungsvoll das Land.
Veilchen träumen schon,
Wollen balde kommen.
Horch, von fern ein leiser Harfenton!
Frühling, ja du bist's!
Dich hab ich vernommen!

Eduard Mörike

Lob des Frühlings

Saatengrün, Veilchenduft,
Lerchenwirbel, Amselschlag,
Sonnenregen, linde Luft!
Wenn ich solche Worte singe,
braucht es dann noch große Dinge,
Dich zu preisen, Frühlingstag!

Ludwig Uhland

Wenn der Frühling kommt

Wenn der Frühling kommt,
Von den Bergen schaut,
Wenn der Schnee im Tal
Und von den Hügeln taut,
Wenn die Finken schlagen
Und zu Neste tragen,
Dann beginnt die liebe, goldne Zeit.

Wenn der Weichselbaum
Duft'ge Blüten schneit,
Wenn die Störche kommen
Und der Kuckuck schreit,
Wenn die Bächlein quellen
Und die Knospen schwellen,
Dann beginnt die liebe, goldne Zeit.

Volkslied

Ostern ist zwar vorbei

Ostern ist zwar schon vorbei,
Also ist dies kein Osterei;
Doch wer sagt, es sei kein Segen,
Wenn im Mai die Hasen legen?
Aus der Pfanne, aus dem Schmalz
Schmeckt ein Eilein jedenfalls,
Und kurzum, mich tät's gaudieren,
Dir dies Ei zu präsentieren.
Und zugleich tät es mich kitzeln,
Dir ein Rätsel draufzukritzeln.
Die Sophisten und die Pfaffen
Stritten sich mit viel Geschrei:
Was hat Gott zuerst geschaffen
Wohl die Henne? Wohl das Ei?
Wäre das so schwer zu lösen?
Erstlich ward das Ei erdacht:
Doch, weil noch kein Huhn gewesen,
Schatz, so hat der Hase es gebracht.

Eduard Mörike

FRÜHLING

Frühlings Ankunft

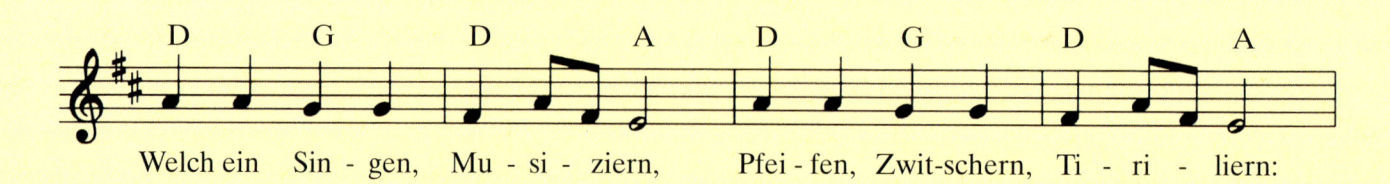

1. Alle Vögel sind schon da, alle Vögel alle.
Welch ein Singen, Musiziern, Pfeifen, Zwitschern, Tirilliern:
Frühling will nun einmarschiern, kommt mit Sang und Schalle.

Wie sie alle lustig sind,
flink und froh sich regen.
Amsel, Drossel, Fink und Star
und die ganze Vogelschar
wünschen uns ein frohes Jahr,
lauter Heil und Segen.

Was sie uns verkünden nun,
nehmen wir zu Herzen:
Wir auch wollen lustig sein,
lustig wie die Vögelein
hier und dort, feldaus, feldein,
singen, springen, scherzen.

Text: Hoffmann von Fallersleben
Melodie: Volksweise

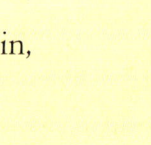

FRÜHLING

Der Frühling hat sich eingestellt

1. Der Früh-ling hat sich ein-ge-stellt; wohl-an, wer will ihn sehn? Der muss mit mir ins frei-e Feld, ins grü-ne Feld nun gehn.

Er hielt im Walde sich versteckt,
dass niemand ihn mehr sah;
ein Vöglein hat ihn aufgeweckt,
jetzt ist er wieder da.

Jetzt ist der Frühling wieder da,
ihm folgt, wohin er zieht,
nur lauter Freude fern und nah
und lauter Spiel und Lied.

Text: Hoffmann von Fallersleben
Melodie: Johann Friedrich Reichardt

Wurzel, der Erdgeist

Florian hat einen Freund, von dem er niemandem etwas erzählen kann. Seiner Mama nicht und auch seinem Papa nicht. Schon gar nicht seinem Bruder Peter, denn der kann kein Geheimnis für sich behalten. Nicht mal seiner Oma hat Florian etwas von seinem Freund erzählt. Der einzige Mensch auf der Welt, der sein Geheimnis kennt, ist seine Freundin Lisa. Und die hält dicht, weil es auch ihr Geheimnis ist.

Die Geschichte von Florians Geheimnis fing kurz nach Ostern an. Florian hatte zu viele Schokoladeneier gegessen. Es war zwar noch früh, aber er lag trotzdem im Bett, weil er Bauchweh hatte. Seine Mutter kochte ihm einen fürchterlichen Tee. Der war so bitter, dass ihm die Haare zu Berge standen und er ganz sicher war, dass sein Bauch zusammenschrumpfte.

Die Lampe vor dem Haus schien ins Fenster und warf gelbe Lichtflecken auf den Schrank und die Wand. Plötzlich hielt Florian die Luft an. Da schnaufte und stöhnte noch jemand – ganz nah! Hinterm Schrank vielleicht? Oder unterm Bett? Schon wieder stellten sich Florians Haare auf. Ganz vorsichtig tastete er mit der einen Hand nach dem Schalter seiner Nachtlampe.

Jetzt war es hell im Zimmer. Aber da schnaufte noch immer jemand!

„Mach´s Licht aus!", flüsterte eine Stimme aus der dunklen Ecke neben dem Schrank. „Von Licht krieg ich Zahn- und Bauchweh!"

„Ha!", machte Florian erschrocken und starrte in die dunkle Ecke. Und dann sah er was! Es war klein, braun und verschrumpelt, hatte große Augen und grüne Haare. Florian rieb seine Augen und schaute nochmal hin. Das Ding war immer noch da.

„W…w…wer bist du denn?", stotterte Florian. „B…b…bist du vielleicht ein Außerirdischer?"

„Blödsinn!", sagte der kleine Braune mit den grünen Haaren und schüttelte den Kopf. „Ich bin ein Erdgeist, genauer gesagt: Mein Name ist Wurzel! Außerirdisch!" Er schnaufte empört. „Ich bin unterirdisch! Normalerweise unterirdisch!"

„Und… w…w…was machst du in meinem Zimmer?" Florian rutschte ein bisschen näher an den Erdgeist heran, denn sehr gefährlich sah der nicht aus.

„Ich brauche Assistenten! Wir Erdgeister sind ja inzwischen ganz allein auf der Welt, auch die Windgeister und die Wassergeister! Die Menschen haben uns völlig vergessen. Es ist eine Schande, ein Skandal!"

„Was macht denn der Assistent von einem Erdgeist?", fragte Florian. „Da sieht man es! Da hört man es!" Wurzel sprang aufgeregt auf und ab. „Früher haben die Menschen uns dabei geholfen, die Blumen und Bäume aus dem Winterschlaf zu wecken. Aber heute müssen wir alles alleine machen. Alles!"

Florian fiel damals gar nichts ein, denn er wusste nicht genau, was Wurzel meinte, und kam sich ein bisschen dumm vor. Aber als Wurzel ihm erklärte, dass er ab sofort bei ihm einziehen würde, um ihm beizubringen, was die Menschen vergessen hatten, da freute sich Florian. Er hatte nämlich ab und zu schlechte Träume und war nachts nicht gern allein. Ganz einfach war es am Anfang nicht, denn Wurzel hatte seine eigenen Ansichten vom Zusammenleben. Als Allererstes verspeiste er alle Schokoladen- und Zuckereier, die Florian unter seinem Bett als Vorrat für später versteckt hatte. Tagsüber schlief Wurzel in einem Bett aus Pusteblumenflaum, das er aus seiner Erdhöhle unter dem alten Nussbaum herbeigetragen hatte. Sobald Florian seinen CD-Player einschaltete, fing er an zu schimpfen. „Das ist ja ein schrecklich-entsetzlicher Höllenlärm! Ich kann mich selbst nicht mehr schnarchen hören, wenn du so einen Krach machst!"

„Das ist kein Lärm, das ist Musik", erklärte Florian. „Musik? Musik nennst du das?", schniefte Wurzel verächtlich. „Musik ist, wenn du die Sterne singen hörst oder die Grillen im Sommer, das Zirpen der Fledermaus und das Knistern der Erde, wenn die neuen Triebe zu wachsen beginnen." Dann dachte er lange nach und fügte hinzu: „Vielleicht ist auch der Schlag eines Schmetterlingsflügels Musik, vielleicht…"

„Ach, Wurzel", stöhnte Florian. „Es gibt auch noch andere Musik. Solche, die wir Menschen machen.

FRÜHLING

Vielleicht kannst du ja von uns auch etwas lernen. Außerdem ist das hier mein Zimmer und ich will ab und zu meine Lieblingsmusik hören!"

„Menschen", jammerte Wurzel aus seinem Pusteblumenbett. „Menschen sind einfach anstrengend! Ich habe es gewusst. Vielleicht, wenn du mir ein winziges Stück Marmeladenbrot bringen könntest, dann würde ich deine Musik besser aushalten. Aber mit Apfelgelee, bitte. Von deiner Großmutter – das schmeckt einfach wunderbar!"

„Woher kennst du denn das Apfelgelee meiner Oma?", fragte Florian verwundert.

„Ich nasche schon seit Jahren davon, schon seit damals, als deine Oma noch jung war! Sie hat immer gedacht, dass es die Mäuse waren, hihi! Wir Erdgeister sind nämlich meistens unsichtbar!"

„Wieso seh ich dich dann?"

„Weil du immer die Regenwürmer vom Weg aufsammelst und auf die Wiese trägst und weil du im Winter die Vögel fütterst und weil du mit deiner Mutter Blumenzwiebeln eingepflanzt hast! Und weil du jetzt mein Assistent bist!"

Seufzend ging Florian in die Küche und strich ein winziges Geleebrot für Wurzel.

„Hmmm", schmatzte Wurzel, als Florian ihm das Brot unters Bett geschoben hatte. „Also, jetzt mach deine Musik wieder an."

Dröhnende Rockmusik erklang.

„Das ist klasse!", rief Florian und sprang im Zimmer herum. Als er sich umdrehte, war Wurzel unter dem Bett hervorgekrochen und starrte ihn aus großen Augen an. Die grünen Haare standen senkrecht in die Luft und sein Mund klappte auf und zu.

„Was sagst du?", schrie Florian.

„Entsetzlich-fürchterlich!", schrie Wurzel zurück.

Florian machte die Musik wieder leiser.

„Du bist altmodisch, Wurzel."

Da richtete sich der Erdgeist sehr gerade auf und sagte würdevoll: „Ich bin nicht altmodisch, aber ich bin sehr alt. Ich bin vielleicht tausend, vielleicht sogar zweitausend Jahre alt. Wir Erdgeister verlieren im Lauf der Zeit die Übersicht. Aber jetzt erinnere ich mich. Deine Vorfahren haben vor langer Zeit zu den

FRÜHLING

Klängen von Trommeln getanzt, wenn sie die Geister beschworen oder den Frühling begrüßten. Das klang so ähnlich. Damals haben die Menschen uns Erdgeister noch gekannt und mit uns getanzt. Könnten wir jetzt auch machen! Komm!"

Wurzel fasste seinen neuen Freund Florian an den Händen und sprang mit ihm im Kreis herum, bis beiden schwindlig wurde.

Das war klasse. Ein bisschen anstrengend, aber interessant war, dass der kleine Erdgeist seinem Assistenten Florian jede Nacht Nachhilfeunterricht gab. Über den Frühling, die Naturgeister, die Blumen und Bäume, über alles, was ein Assistent wissen sollte.

„Ich weiß ganz viel", sagte Wurzel. „Aber es dauert mindestens tausend Jahre, bis ich dir alles erzählt habe. Hatte ich gesagt, dass ich zweitausend Jahre alt bin? Es können auch viertausend sein. Mit der Zeit verliert man den Überblick! Aber all die vielen Geschichten habe ich nicht vergessen. Ich bringe sie nur manchmal durcheinander, na, ist ja egal!

Noch vor zweitausend und sogar vor tausend Jahren, da wohnten hier in der Gegend noch Menschen, die wussten alles, was ich auch weiß. Sie wussten zum Beispiel, dass in allen Pflanzen winzige Geister wohnen. Das sind die Elfen und Feen und Kobolde."

„Und wo sind die?", fragte Florian, der hellwach in seinem Bett saß, während Wurzel sich in eine Falte seiner Bettdecke kuschelte und laut gähnte.

„He, Wurzel, nicht einschlafen! Du hast mir viele Geschichten versprochen!"

„Ach so, ja. Ich bin nur so müde, weil ich heute sehr viel gearbeitet habe. Ich hab den Kirschbaum und den Birnbaum an den Wurzeln gekitzelt, damit sie endlich aufwachen und bald zu blühen anfangen."

Florian musste lachen. „Ist der Kirschbaum kitzlig?"

„Und wie! Wenn der Kirschbaum richtig zu lachen anfängt, dann platzen alle Knospen an seinen Zweigen. Er wird bestimmt bald blühen. Vor allem, wenn du um ihn herumhüpfst und auf einen Kochtopf trommelst. Es ist eine Menge Arbeit, ihn richtig zum Lachen zu bringen. Bei den Apfelbäumen dauert es noch länger und am schlimmsten ist der alte Nussbaum. Er ist so verschlafen, dass ich ihn eine Woche lang kitzeln muss, bis seine Knospen vor Lachen platzen und er endlich wieder Blätter bekommt. Immer ist er der Letzte!"

Florian kicherte und stellte sich vor, wie Wurzel unter der Erde herumkrabbelt und die Bäume an den Füßen kitzelt.

„Aber", fragte er nach einer Weile, „wo sind denn die Elfen und Feen?"

„Die", sagte Wurzel und lugte über die weiche Falte

FRÜHLING

auf Florians Bettdecke, „die sind überall. Deshalb musst du vorsichtig über die Wiese gehen, wenn die Blumen zu blühen anfangen. In jeder Blume wohnt nämlich eine Elfe. Die Elfen beschützen die Blumen und helfen ihnen beim Wachsen. Elfen und Feen sind wunderschön und zart. Nur ganz selten können Menschen sie sehen." Wurzel verdrehte seine großen Augen und seufzte. „Ich liebe alle Elfen!"

„Kannst du sie sehen?", fragte Florian gespannt.

„Nur im Frühling, Sommer und Herbst. Im Winter schlafen sie in den Zwiebeln und Wurzeln der Pflanzen. Ganz besonders schön sind die Tulpenelfen. Aber auch die Schneeglöckchenelfen sind bezaubernd und die Veilchenelfen und die Buschwindröschenelfen und die Heckenrosenelfen und die in den Dotterblumen… ach!" Wurzel seufzte. „Sie haben zarte Flügel, wie Libellen. Vielleicht kannst du sie auch eines Tages sehen, Florian. Wenn du ein guter Assistent bist. Aber jetzt schlaf gut, ich muss in den Garten und weiterkitzeln. Bis morgen!"

Am nächsten Tag tauchte Wurzel überhaupt nicht auf und am Abend ging Florian traurig ins Bett und konnte nicht schlafen, weil der Vollmond in sein Zimmer schien. Außerdem hätte er gern eine Geschichte von Wurzel gehört. Zum Abendessen hatte es Apfelstrudel mit Vanillesauce gegeben. Florian schmuggelte für Wurzel ein Schnapsglas voll Vanillesauce in sein Zimmer. Gerade wollte er das Glas selbst leertrinken, da sprang der kleine Erdgeist schnaufend und prustend auf seine Bettdecke.

„Entschuldige! Entschuldige, dass ich so spät komme, aber ich musste dringend noch den Himmel ansehen. Heute ist nämlich Vollmond, und da kann ich besonders weit schauen. Ich muss ab jetzt die Plejaden beobachten, denn die fangen schon wieder an, mit Sternschnuppen zu werfen. Das mag ich gar nicht!"

„Wer sind denn die Plejaden?", fragte Florian verwirrt.

„Die Plejaden sind Sterne, ganz besonders freche Sterne. Im Frühling und Herbst sind sie sogar außerordentlich frech! Dann werfen sie mit Sternschnuppen herum, und wenn sie sehr viele werfen, dann wird es bei uns kalt. Deshalb muss ich die Bäume und Blumen warnen, sonst erfrieren sie und meine kleinen Elfen müssen wieder in die Erde kriechen."

„Kann ich die Sternschnuppen auch sehen?", fragte Florian aufgeregt.

„Ja klar!", antwortete Wurzel. „Im Mai gehen wir zusammen hinaus und schauen die Sternschnuppen an. Oh, der Mai macht mir immer große Sorgen, weil mit den Sternschnuppen die Eismänner kommen. Bonifatius, Pankratius, Servatius bringen oft Kälte und Verdruss, sie sind gestrenge Herren!"

Der kleine Erdgeist schüttelte sich und kroch in eine Falte von Florians Bettdecke.

„Und warum kommen die Eismänner?", fragte Florian und hielt das Glas mit Vanillesauce ganz fest.

„Weil der Winter seinen Kampf nicht aufgeben will. Er ruft die Sterne zu Hilfe und die Eismänner! Aber danach ist seine Kraft endgültig zu Ende. Das ist schon seit vielen hundert Jahren so. Richtig lustig wird es erst im Juni, dann können die Elfen tanzen und ich kann dabei zuschauen und mich ausruhen. Hurra, die Biene hat sechs Beine! Alles wächst von ganz alleine!"

„Aha!", sagte Florian. „Da, ich hab Vanillesauce für dich aufgehoben."

Der kleine Erdgeist nahm das Glas in beide Händchen und trank schmatzend. „Köstlich. Danke, Florian. Das macht mich stark für die Arbeit heute Nacht. Morgen zeig ich dir, wie man den Boden ganz vorsichtig auflockert, damit die Pflanzen atmen können. Und füttern müssen wir sie auch noch! Ein Glück, dass ich dich als Assistenten gefunden habe! Entschuldige, wenn ich so viel zu tun habe."

Und fort war er, auf einem Mondstrahl.

Florian aber träumte von Elfen, Feen, Sternschuppen und lachenden Bäumen, die Vanillesauce tranken. Er war glücklich, der Assistent eines Erdgeists zu sein.

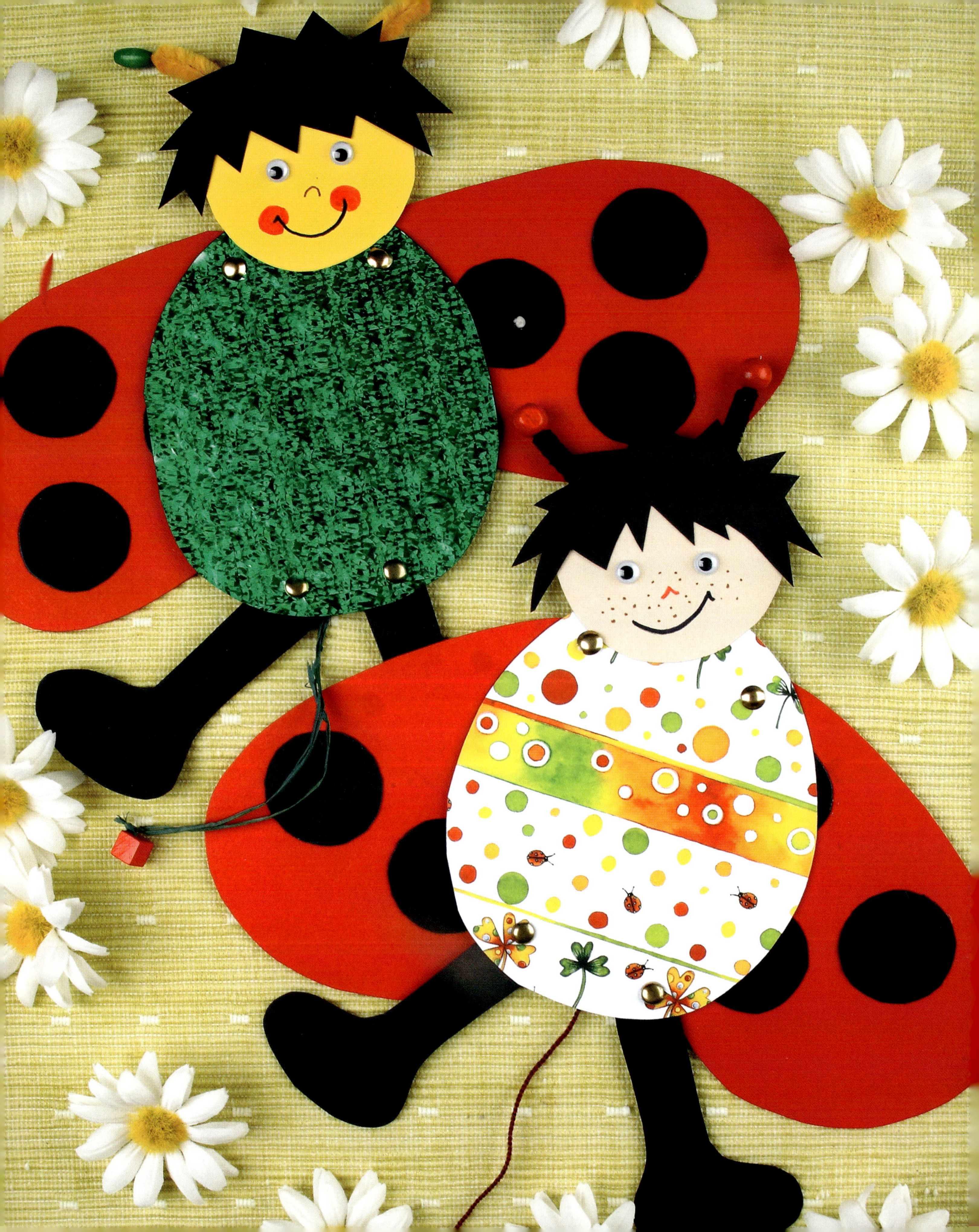

Der Hampelkäfer

... eine etwas anspruchsvollere Bastelarbeit.
Vielleicht können euch die Erwachsenen dabei etwas unterstützen.

Die Materialliste:

Transparentpapier
beliebiger Karton
Fotokarton in den Farben:
Schwarz, Rot, Weiß und Gelb
bunter Motivkarton
Schere
Bleistift
Buntstifte
Lochzange (oder ein dicker Nagel)
Versandtaschen- bzw. Spreizklammern
Holzperlen
farbiges Garn
Nadel

Bastelvorlage im Anhang auf S. 140

So geht's:

Fertigt euch von allen Teilen eine Schablone an (mit dem Transparentpapier und dem beliebigen Karton). Eine Abpausvorlage findet ihr in unserem Anhang. Alle doppelten Teile sind darin nur einmal vertreten. Sie müssen beim Abzeichnen einmal von der Vorderseite und einmal von der Rückseite aufgelegt werden (Arme und Beine spiegelverkehrt). Sobald alles ausgeschnitten und zusammengeklebt ist, macht ihr mit der Lochzange an den markierten Punkten die Löcher zum Durchfädeln des Garns und zum Platzieren der Klammer (ein dicker Nagel kann die Lochzange ersetzen – bitte vorsichtig sein! Die genaue Anordnung der Klammern, Schnüre und Knoten findet ihr im Anhang). Verschönert den kleinen Käfer nach eurer Vorstellung (Gesicht, Haare, Kleidung etc.). Fädelt zum Schluss ein paar Perlen aufs Garn, damit der kleine Krabbler für euch tanzen kann. Auch wenn ihr etwas Geduld beim Basteln benötigt, es lohnt sich!

Der Mai ist gekommen!

Muttertag

Schon Wochen vorher werben zahlreiche Geschäfte für Geschenke zum Muttertag. Aber kaum jemand weiß, woher der Muttertag eigentlich kommt und warum es ihn gibt. Eine Amerikanerin hatte es sich in den Kopf gesetzt, einen Ehrentag für alle Mütter zu erschaffen. Ann Jarvis aus Philadelphia überzeugte den amerikanischen Präsidenten Wilson von ihrer Idee und 1914 wurde in den USA zum ersten Mal der Muttertag gefeiert. Bald übernahmen viele andere Länder diesen speziellen Tag für die Mütter.

In Deutschland wurde allerdings im Dritten Reich ein unangenehmer Mutterkult daraus. Trotzdem wurde auch nach dem Zweiten Weltkrieg diese Tradition beibehalten, und so feiern wir jeden zweiten Sonntag im Mai unsere Mütter und danken ihnen für ihre Liebe und Fürsorge. Übrigens ein Tipp für Geschenke: Am meisten freuen sich Mütter über Selbstgebasteltes oder Selbstgepflücktes und: wenn man ihnen das ganze Jahr über hilft und nicht nur am Muttertag.

Die Eisheiligen

Fast jedes Jahr im Mai gibt es noch ein paar kalte Tage, manchmal sogar Frost. Diese Tage zwischen dem 12. und dem 14. Mai werden die „Eisheiligen" genannt. Ihre Namen sind Pankratius, Servatius und Bonifatius. Am 15. Mai folgt noch „die kalte Sofie", und dann sollte sich der Winter endlich verzogen haben. In Norddeutschland beginnen die kalten Tage schon am 11. Mai mit „Mamertus". Gärtner und Bauern schätzen die Eisheiligen nicht besonders. Schon manche Pflanze, manche Saat und auch manche Obstbaumblüte ist wegen der letzten Winterboten erforen.

Fronleichnam

Dieser katholische Feiertag wird immer an einem Donnerstag in den ersten beiden Juniwochen gefeiert und ist der Abschluss der 50-tägigen Osterfeiern.

Das Wort Fronleichnam stammt vom mittelhochdeutschen Wort „vronlicham" ab und bedeutet „Leib des Herrn". Diesen „Leib des Herrn" nehmen die katholischen Gläubigen bei der Kommunion in Form einer Hostie in sich auf. Das Fest Fronleichnam soll zeigen, dass Jesus in uns allen weiterlebt und erinnert an das letzte Abendmahl am Gründonnerstag vor Ostern. Gefeiert wird die Unsterblichkeit von Gottes Sohn, Jesus, und die ständige Erneuerung des Lebens in Prozessionen und Umzügen (Fronleichnamsprozession). Dabei werden die Straßen und Häuser mit frischen grünen Zweigen geschmückt. Auf dem Land wandert die Prozession über die Felder und bittet dabei um eine gute Ernte. Im südlichen Bayern und in Österreich gibt es auch Schiffsprozessionen über die großen Seen.

Die Sonnwendfeuer

Immer länger werden die Tage im Frühling – bis zum 21. Juni. Es ist die Zeit des längsten Tages und der kürzesten Nacht im Jahr. Am 21. Juni dauert der Tag sechzehn Stunden, die Nacht nur acht. Damit ist der Frühling zu Ende, denn von nun an werden die Tage wieder kürzer, doch die Sonne bleibt lange auf ihrem hohen Weg über den Himmel.
Gefeiert wurde die Sommersonnwende zu allen Zeiten. Die Menschen freuen sich über den Beginn der besonders warmen Jahreszeit, in der alle Früchte reifen und in der man das Leben im Freien besonders genießen kann. Und so werden auch heute wieder auf den Hügeln und Bergen Sonnwendfeuer angezündet. Die Christen haben diesen Brauch ihrer Vorfahren in Johannisfeuer umbenannt, weil in der Zeit der Sonnwende auch der Namenstag von Johannes, dem Täufer, liegt. Trotzdem stammt dieser Brauch aus der vorchristlichen Zeit.
Unzählige Menschen versammeln sich um diese Feuer, sitzen einfach und schauen den Flammen zu, singen oder tanzen. Ganz Mutige springen sogar über das Feuer. Es soll Glück und Gesundheit bringen und für Ledige eine Braut oder einen Bräutigam.

Komm, lieber Mai, und mache

1. Komm, lieber Mai, und mache die Bäume wieder grün, und lass uns an dem Bache die kleinen Veilchen blühn! Wie möcht ich doch so gerne ein Veilchen wieder sehn, ach, lieber Mai, wie gerne einmal spazieren gehn!

Zwar Wintertage haben
wohl auch der Freuden viel:
man kann im Schnee eins traben
und treibt manch Abendspiel,
baut Häuserchen von Karten,
spielt Blindekuh und Pfand,
auch gibt's wohl Schlittenfahrten
aufs liebe freie Land.

Am meisten aber dauert
mich Lottchens Herzeleid,
das arme Mädchen lauert
recht auf die Blumenzeit.
Umsonst hol ich ihr Spielchen
zum Zeitvertreib herbei,
sie sitzt in ihrem Stühlchen
wie's Hühnchen auf dem Ei.

Ach, wenn's doch erst gelinder
und grüner draußen wär!
Komm, lieber Mai, wir Kinder,
wir bitten gar zu sehr!
O komm und bring vor allem
uns viele Veilchen mit,
bring auch viel Nachtigallen
und schöne Kuckucks mit.

Text: Christian Adolph Overbeck,
Melodie: Wolfgang Amadeus Mozart

Der Mai ist gekommen

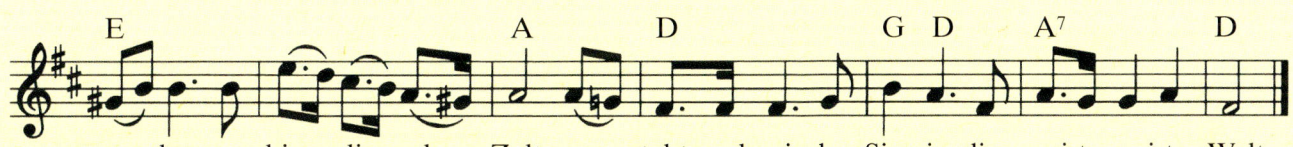

1. Der Mai ist gekommen, die Bäume schlagen aus.
Da bleibe, wer Lust hat, mit Sorgen zu Haus.
Wie die Wolken dort wandern am himmlischen Zelt,
so steht auch mir der Sinn in die weite, weite Welt.

Herr Vater, Frau Mutter,
Dass Gott euch behüt!
Wer weiß, wo in der Ferne
Mein Glück mir noch blüht;
Es gibt so manche Straße,
Da nimmer ich marschiert,
Es gibt so manchen Wein,
Den ich nimmer noch probiert.

Und find ich keine Herberg',
So lieg ich zur Nacht
Wohl unter blauem Himmel,
Die Sterne halten Wacht;
Im Winde die Linde,
Die rauscht mich ein gemach,
Es küsset in der Frühe
Das Morgenrot mich wach.

O Wandern, o Wandern,
Du freie Burschenlust!
Da wehet Gottes Odem
So frisch in die Brust;
Da singet und jauchzet
Das Herz zum Himmelszelt:
Wie bist du doch so schön,
O du weite, weite Welt!

Frisch auf drum, frisch auf drum
Im hellen Sonnenstrahl!
Wohl über die Berge,
Wohl durch das tiefe Tal!
Die Quellen erklingen,
Die Bäume rauschen all;
Mein Herz ist wie 'ne Lerche
Und stimmet ein mit Schall.

Text: Emanuel Geibel, Melodie: Justus Wilhelm Lyra

Das Nest unterm Balkon

Ich heiße Nina, und was ich euch erzähle, das habe ich selbst erlebt. Also: Ich wohne in einer großen Stadt im vierten Stock eines alten Hauses. Natürlich wohne ich nicht allein dort. Wir sind zu viert: meine Mutter, mein Vater, meine Schwester Lilo und ich. Außerdem haben wir noch eine Katze. Die heißt Puschel. Ich bin zwölf und meine Schwester ist vierzehn. Puschel ist drei und meine Eltern zusammen zweiundachtzig. Der Frühling ist unsere Lieblingsjahreszeit und ganz besonders seit letztem Jahr. Da hat genau unter unserem Balkon eine Amsel ihr Nest in den wilden Wein gebaut. Der wilde Wein bedeckt nämlich die ganze Wand, fast bis unters Dach. Das sieht sehr schön aus, ungefähr so, als hätte unser Haus ein grünes Fell. Im Winter hängen nur die schwarzen Zweige und Ästchen an der Mauer, aber kaum wird es wärmer, sprießen lauter hellgrüne Blätter. Dann können sich die Spatzen darin verstecken und Nester bauen. Einmal ist im Frühling sogar eine Maus bis zu uns in den vierten Stock geklettert und hat unser Telefonkabel durchgebissen. Mein Vater wurde sehr zornig und wollte eine von diesen schrecklichen Klappfallen aufstellen. Aber Mama, Lilo und ich waren dagegen.

„Wozu haben wir eigentlich eine Katze, wenn sie keine Mäuse fängt?", schimpfte Papa und Puschel versteckte sich unterm Bücherregal. Mama und ich haben dann eine Lebendfalle gekauft und Speck reingetan. Die Maus ist schon in der ersten Nacht in die Falle geschlüpft. Es war eine sehr hübsche graue Maus mit großen schwarzen Augen. Wir haben sie dann im Wald freigelassen. Hoffentlich hat sie sich nicht gefürchtet. Wo sie doch eine Stadtmaus war.

Das Mäuseproblem hatten wir schnell gelöst. Ganz anders war es mit dem Amselnest. Beinahe zwei Monate lang hatten wir andauernd Stress. Aber gefreut haben wir uns auch ständig. Besser, ich fang von vorn an. Eines Tages, kurz nach Ostern, sagte meine Mutter: „Ich glaube, eine Amsel baut ihr Nest irgendwo in den wilden Wein. Ich seh sie dauernd mit Moos und Federn im Schnabel auf der Dachrinne sitzen. Und dann fliegt sie auf unser Haus zu und ist verschwunden."

Meine Schwester und ich legten uns auf die Lauer und schon nach kurzer Zeit hatten wir herausgefunden, dass die Amsel genau unter unserem Balkon ein Nest baute. Wenn wir uns nur ein bisschen über die Balkonbrüstung beugten, konnten wir genau zuschauen. Eine Woche lang brauchte die Amsel, dann war sie fertig. Ganz rund war das Nest und fein gewoben. Wir waren alle begeistert.

Und dann saß sie, die Vogelmama, dick und breit in ihrem tollen Nest. Wenn wir zu ihr hinunterschauten, machte sie sich ganz flach und klein, flog aber nie weg. Deshalb konnten wir lange nicht sehen, ob und wie viele Eier sie schon gelegt hatte.

„Sie muss doch mal was essen!", sagte meine Schwester. „Oder essen Vögel nichts, wenn sie Eier legen?"

„Natürlich essen sie etwas! Aber wahrscheinlich immer dann, wenn wir gerade nicht hinschauen."

Es war meine Mutter, die als Erste die Eier zu sehen bekam. „Es sind fünf!", rief sie begeistert. „Fünf zartgrüne kleine Eier mit winzigen Punkten drauf."

„Glaubst du, dass fünf Kinder in dieses kleine Nest passen?", fragte Lilo besorgt.

„Werden wir ja erleben", lachte Mama.

Ein paar Tage später haben wir sie dann auch gesehen, die fünf Eier. Und kurz darauf fingen die Aufregungen an. Eines Morgens hörten wir lautes Gekrächze. Mama schaute aus dem Küchenfenster und entdeckte auf dem Kamin des Nachbarhauses eine Krähe. Und diese Krähe war eindeutig an unserem Amselnest interessiert. Mama ließ die Krähe nicht aus den Augen. Wir frühstückten, aber Mama starrte nur auf die Krähe. Plötzlich sprang Mama auf, riss die Balkontür auf, klatschte wild in die Hände und schrie: „Weg! Hau ab!"

Gleichzeitig zeterten mindestens zehn Amseln in unserem Hinterhof herum. Die Krähe drehte kurz vor dem Nest ab und verschwand hinter den Dächern.

„Die kommt wieder", sagte mein Vater mit düsterer Stimme. „Krähen sind ganz wild auf Vogeleier."

„Wir haben doch eine Luftpistole", rief meine Mutter. „Gib sie mir! Ich werde das Nest verteidigen!"

„Aber nur ohne Munition!", sagte mein Vater. „Es ist verboten, in der Gegend herumzuballern!"

„Ich will ja nicht herumballern, nur Krach machen. Krähen mögen keinen Krach."

Von da an schoben wir abwechselnd Wache mit der ungeladenen Luftpistole, die trotzdem hervorragend knallen konnte. Die Krähe versuchte es noch fünf Mal. Aber jedesmal war einer von uns da und knallte. Danach hat sie es aufgegeben. Entspannung.

Im Mai schlüpften unsere Amselkinder aus den Eiern. Wir waren so aufgeregt, als wären es unsere eigenen Babys. Dabei waren sie gar nicht schön. Eigentlich richtig hässlich. Aber das durfte ich nicht sagen, weil alle andern dauernd riefen: „Wie süß!" Sie waren nackt, blaurosa, ein bisschen durchsichtig, faltig und hatten riesige Schnäbel. Wenn sie die Schnäbel aufrissen, bestanden sie nur noch aus Schnabel und Schlund. Kaum erschien die Amselmutter am Nest, rissen alle fünf Nacktvögel ihre Riesenschnäbel auf und streckten sie unter Gebrüll nach oben. Naja, Gebrüll kann man schlecht sagen, eher Gefiepse. Ehrlich gesagt, mir taten die Vogeleltern richtig leid. Die konnten gar nicht genug Fressen ranschaffen. Den ganzen Tag lang flogen sie mit Schnäbeln voller Regenwürmer, Käfer und Raupen an, stopften sie den Kleinen in die Schlünde und sausten wieder los, um mehr zu holen.

Mein Vater stellte fest, dass die Sonne inzwischen höher gestiegen war und den halben Tag voll ins Nest schien. Zwar setzte sich die Vogelmama immer wieder schützend über ihre Kinder und breitete die Flügel aus, trotzdem befürchteten wir Sonnenbrand oder Hitzschlag. Also spannte mein Vater unseren Sonnenschirm auf und kippte ihn weit über die Balkonbrüstung, sodass er die nackten Winzlinge beschattete. Er war sehr stolz auf die Lösung dieses Problems.

Dann kamen die Elstern. Es waren zwei und sie erwiesen sich als wesentlich hartnäckiger als die Krähe. Vier Tage lang mussten wir uns mit dem Wachdienst abwechseln. Zum Glück war schönes Wetter und so konnten wir unsere Hausaufgaben auf dem Balkon machen. Mama putzte auf dem Balkon das Gemüse, Papa las am Abend dort seine Zeitung. Ein Glück, dass Ende April die Tage noch nicht so lang sind, sonst hätten wir um fünf aufstehen müssen. Aber halb sieben war auch ganz schön früh. Am vierten Morgen murrte meine Schwester: „Wenn das noch lang dauert, dann können die Elstern meinetwegen die Amseln fressen."

„Wie kannst du sowas sagen, Lilo!" Meine Mutter war empört. „Hast du nicht gesehen, dass sie schon Federn bekommen? Wir werden sie durchbringen, und wenn ich auf dem Balkon schlafen muss!"

„Ich hab´s nicht ernst gemeint", murmelte Lilo. „Ich bin nur schrecklich müde." Sie hatte an diesem Morgen Frühdienst gehabt und Lilo war Langschläferin.

„Waren die Elstern da?", fragte Papa.

„Drei Häuser weiter saßen sie auf dem Dach und haben gekrächzt, als würden sie mich auslachen."

„Jammer nicht, Lilo! Ich bin stolz auf unsere Familie! Ohne uns wäre das Nest längst leer. Ist es nicht eine Freude zu sehen, wie die kleinen Vögel wachsen? Und außerdem lernen wir alle, wie schwierig das Überleben in der Natur ist! Wir Menschen haben kaum natürliche Feinde und sollten uns deshalb daran

erinnern, dass es nicht immer so war." Während mein Vater das sagte, saß er auf dem Balkon und trank seinen Kaffee. Er hielt gern kleine Ansprachen an uns.
„Doch, Autos!", sagte Lilo.
„Was?" Papa runzelte die Stirn.
„Wir Menschen haben doch natürliche Feinde: Autos!"
„Stimmt", sagte Mama. Und musste plötzlich sehr lachen.
In diesem Augenblick landete eine Elster auf dem Nachbarbalkon. Papa sprang auf, warf seine Kaffeetasse nach ihr… und traf! Der große schwarzweiße Vogel stob davon, ein paar Federn segelten durch die Luft, dann klirrte es unten im Hof.
„Das war deine Tasse", sagte Lilo.
„Toller Wurf!", sagte Mama. Und da lachten alle los.
Die Elstern kamen nie mehr wieder. Papa baute ein Sonnen-Regenschutzdach für die kleinen Amseln. Und ich muss sagen, dass sie von Tag zu Tag hübscher wurden. Erst bestanden ihre Federn nur aus winzigen Stoppeln und Lilo meinte, dass sie vielleicht gar keine Vögel, sondern kleine Igel seien. Aber dann wurden sie flaumig und rund.
Sie bekamen auch richtige Augen und nicht nur rosa Schlitze. Die Schnäbel blieben ziemlich groß. Vielleicht ist Essen bei kleinen Wesen wirklich das Wichtigste. Babys brüllen auch, wenn sie Hunger haben, und dann sieht ihr Mund ebenfalls riesig aus.
Unsere Familie aber blieb bei der Gewohnheit, auf dem Balkon zu sitzen und Wache zu halten. Die Amseleltern hatten sich an uns gewöhnt und flüchteten nicht mehr, wenn wir über die Brüstung ins Nest schauten. Da unten ging es inzwischen sehr eng zu. Die fünf Vögelchen quetschten sich aneinander und hatten kaum noch Platz.
„Ihre Flügel wachsen", verkündete meine Mutter. „Es kann nicht mehr lange dauern, dann sind sie flügge. Meine Güte! Unten warten die Katzen!"
„Und die Autos!", fügte Lilo hinzu.
„Irgendwann müssen sie für sich selbst sorgen", sagte Papa. „So wie auch ihr, meine Töchter. Wir Eltern können euch nicht für immer beschützen." Aha, noch eine von Papas kleinen Ansprachen.
Mitte Mai flogen sie dann davon. Eins nach dem anderen. Eine Weile hörten wir sie noch in den Bäumen und Büschen der Hinterhöfe. Dann zogen sie wohl weiter. Lilo sagte, dass der Anblick eines leeren Nestes traurig sei.
„Ja", sagte Papa. „Unser Nest wird auch einmal leer sein. Von der Natur können wir alles lernen!"
Das war wieder eine seiner kleinen Ansprachen und wir mussten alle lachen.

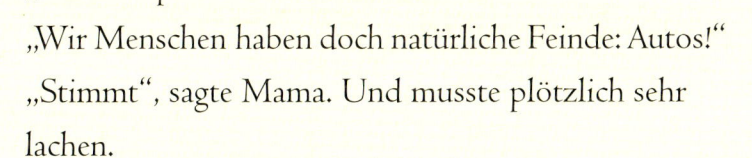

Der Maibaumklau von Niederau

In Niederau am Niederrhein
Da geht es heut hoch her
Da findet eine Feier statt
Und alle freun sich sehr

Der Maibaum wurde aufgestellt
Inmitten dieser Stadt
Und ringsherum da feiern sie
Und essen sich schön satt

Getrunken wird genauso viel
Auch Tänzer kann man sehn
Und mancher, der zu vieles trinkt
Kann abends kaum noch stehn

Die Feier geht bis in die Nacht
Bis alle müde sind
Dann träumen die Erwachsenen
Es schläft auch jedes Kind

Nur ein paar Jungen schlafen nicht
Sie führen was im Schilde
Vom Nachbardorfe stammen sie
Es führt sie Jan, der Wilde

Die Jungen wolln den Maibaum klaun
Das ist so Tradition
Die Väter haben`s auch getan
Selbst Urgroßvater schon

Die Tat ist schwierig, denn, gewiss
Der Maibaum, der ist schwer
Und sperrig ist er, unhandlich
Die Jungen mühn sich sehr

Sie ziehn und zerren hin und her
Und rütteln an dem Baum
Sie schonen ihre Kräfte nicht
Den Maibaum stört es kaum

Da plötzlich gibt es einen Ruck
Die Halterung zerbricht
„Nun rasch, bevor es jemand merkt
Erwischen solln's uns nicht!"

Der wilde Jan und seine Jungs
Den Maibaum unterm Arm
Erreichen grad den Waldesrand
Da schlägt einer Alarm

Die Niederauer sind erwacht
Und schauen ihre Schand
Ein Loch im Boden ist jetzt da
Wo einst der Maibaum stand

„Ich seh", ruft einer, „dort am Wald
Die Diebe, auf sie! Los!"
So jagen sie den Jungen nach
Der Jubelschrei ist groß

Die Jungen mit dem Maienbaum
Die brüllen ebenfalls
„Zu spät, zu spät, wir sind ja schon
Entwischt! Zurück, sonst knallt`s!"
Anstelle einer Rauferei
Die man erwartet hätte
Wird abermals gefeiert jetzt
Sie feiern um die Wette

Die Niederauer haben zwar
Den Maibaum heut verloren
Doch nächstes Jahr zur Pfingstzeit wird
Der Brauch ja neu geboren

Gefeiert wird auch nächstes Jahr
Pfingsten in Niederau
Doch bleiben dann die Männer wach
Und wehren dem Maibaumklau

Unbekannter Verfasser

Alles neu macht der Mai

Alles neu macht der Mai,
Macht die Seele frisch und frei.
Lasst das Haus, kommt hinaus,
Windet einen Strauß!
Rings erglänzet Sonnenschein,
Duftend pranget Flur und Hain;
Vogelsang, Hörnerklang
Tönt den Wald entlang.

Wir durchzieh'n Saaten grün,
Haine, die ergötzend blüh'n,
Waldespracht neu gemacht,
Nach des Winters Nacht.
Dort im Schatten an dem Quell
Rieselnd munter, silberhell,
Klein und Groß ruht im Moos,
Wie im weichen Schoß.

Hier und dort, fort und fort,
Wo wir ziehen Ort für Ort,
Alles freut sich der Zeit,
Die verjüngt, erneut,
Widerschein der Schöpfung blüht
Uns erneuernd im Gemüt.
Alles neu, frisch und frei,
Macht der holde Mai.

Hermann Adam von Kamp

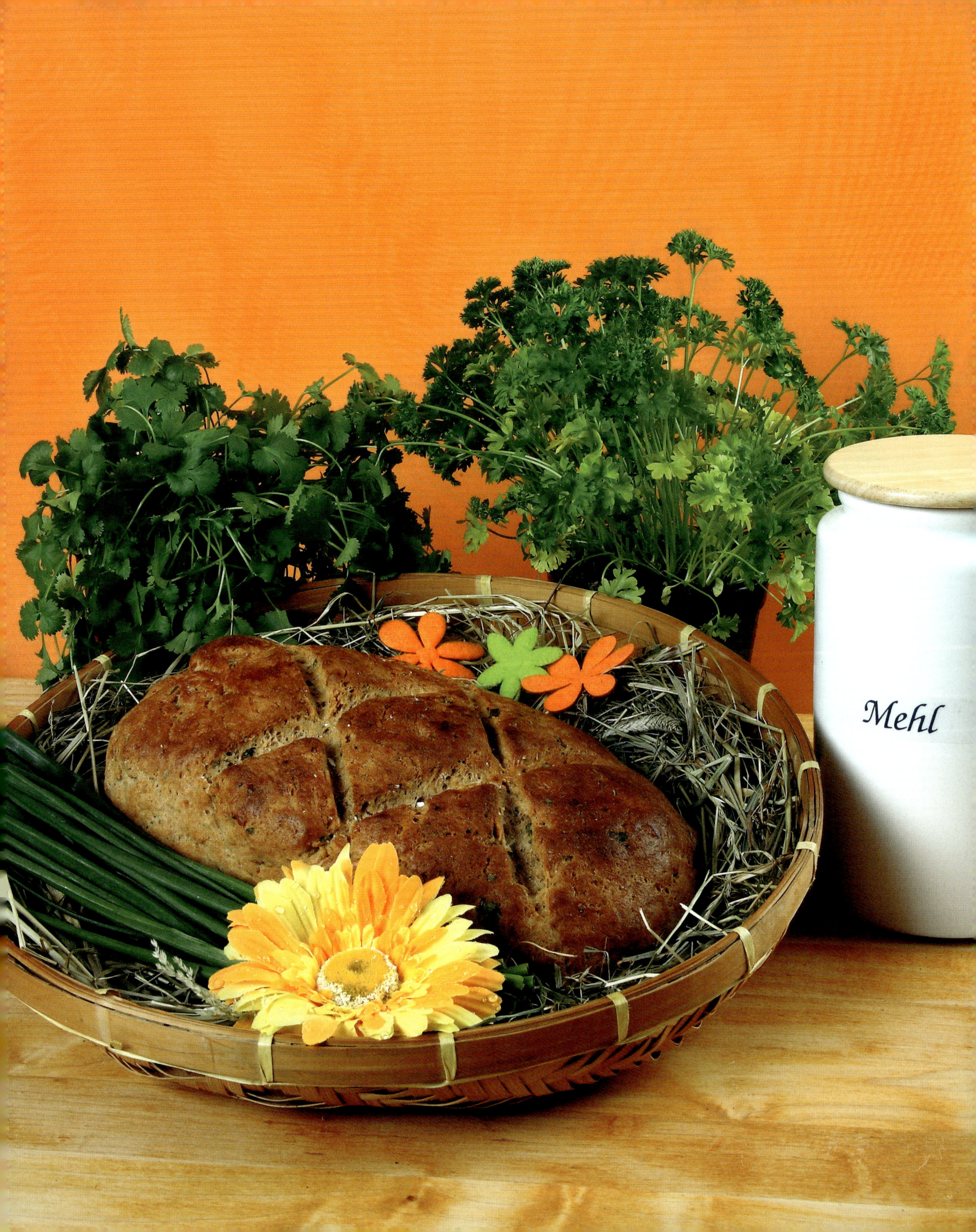
Mehl

FRÜHLING

Würziges Kräuterbrot

Der Frühling ist da und mit ihm erwacht die Natur, es grünt und blüht überall.
Die richtige Zeit für ein aromatisches Brot aus dem eigenen Ofen.

Dazu brauchen wir:

200 g Weizenmehl
200 g Weizenvollkornmehl
100 g Roggenmehl
50 g Butter
30 g Hefe
1/4 l lauwarme Milch
1 TL Zucker
1 TL Honig
1 EL Kräutersalz
Fein gehackte Kräuter:
je 1 EL Petersilie, Schnittlauch
je 1/2 EL Koriander, Bärlauch
Haferflocken für das Backblech

So geht's:

Hefe mit lauwarmer Milch und Zucker auflösen und mit den restlichen Zutaten vermischen. Auf einer bemehlten Arbeitsfläche zu einem geschmeidigen Teig verarbeiten und an einem warmen Ort etwa 25 Minuten gehen lassen. Nun einen länglichen Brotteig daraus formen und die Oberseite mit einem scharfen Messer rautenförmig einschneiden. Auf ein mit Haferflocken bestreutes Backblech legen und 20 Minuten gehen lassen. Im vorgeheizten Backofen bei 210 °C/Umluft 185 °C etwa 30 Minuten backen. Wichtig: die Garprobe mit dem Holzstäbchen – bleibt Teig an dem Stäbchen hängen, wenn man es hineinsteckt und wieder herauszieht, ist das Brot noch nicht fertig. Kleiner Tipp aus Großmutters Zeiten: Eine Untertasse mit Wasser im Backofen lässt den Teig besser garen und er trocknet dabei nicht so schnell aus. Die Brotkruste wird schön kross, wenn man sie kurz vor Ende der Garzeit mit Wasser bestreicht. Noch warm mit frischer Butter bestrichen, schmeckt unser Kräuterbrot besonders aromatisch.

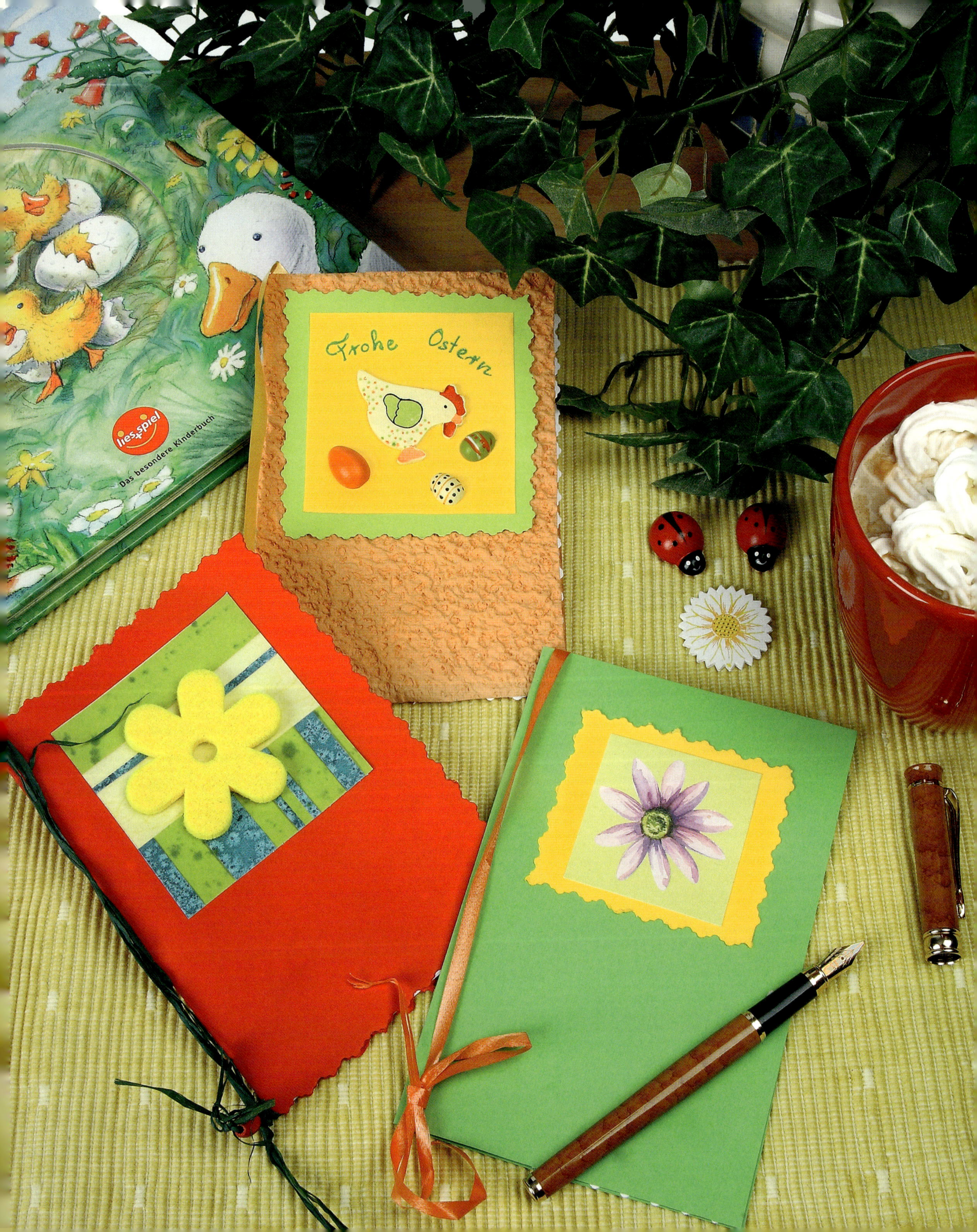

lies+spiel
Das besondere Kinderbuch
Frohe Ostern

Frühlingskarte

Ein lieber Gruß zum Muttertag oder eine Einladung zur Kaffeetafel kommen so verpackt garantiert gut an. Diese einfachen Karten lassen viel Raum für eure eigenen Ideen. Je nach Wunsch, arbeitet ihr mit Bastelvelours, Filz, geschöpftem Blütenpapier, Fotokarton oder Ähnlichem. Zur Dekoration eurer Karten schneidet ihr Motive aus oder ergänzt alles mit österlicher Streudeko.

Hierzu benötigt ihr:

- beliebigen Karton
- Bleistift
- Schere
- Zierrandschere
- Klebstoff
- beliebiges Material für die Karten
- beliebiges Dekomaterial
- weißes Schreibmaschinenpapier
- Satin-, Geschenk- oder Goldband

Bastelvorlage im Anhang auf S. 142

So geht's:

Die Bastelvorlage auf Transparentpapier übertragen, auf beliebigen Karton kleben (z. B. Cornflakes-Verpackung) und alles ausschneiden. Diese Schablone nun auf das Kartenmaterial legen und abzeichnen, ausschneiden und zusammenfalten. Faltet eine Innenkarte aus weißem Papier und befestigt sie mit einem Band. Nun könnt ihr ein Motiv eurer Wahl auf die Vorderseite der Karte kleben. Verschiedene Materialien und das Ausschneiden mit einer Zierrandschere ergeben unterschiedliche Effekte.

Das Kostüm

*E*s war einmal ein kleines trauriges Clownskostüm, das hatte noch nie jemand getragen. Seit es denken konnte, lag es in einem muffigen Karton im Lager des großen Kaufhauses eingesperrt. Nur einmal im Jahr wurde es für ein paar Wochen dort herausgeholt und zusammen mit dutzenden anderer Kostüme in einer extra eingerichteten Karnevalsabteilung zum Verkauf angeboten.

Die Karnevalsabteilung des Kaufhauses war riesengroß. Und was es hier alles zu kaufen gab: Luftschlangen und Ballons als Raumdekoration, lustige Pappnasen, Plastikschwerter für die Ritterrüstungen, Gummiratten und große Spinnen für die Hexenkostüme und geheimnisvolle Umhänge und Hüte für die Zauberer. Jedes Jahr kurz vor Karneval gab es hier ein wildes Gewusel und Gedränge. Hunderte von Kindern zogen ihre Eltern von Kleiderständer zu Kleiderständer, und auch die Erwachsenen selbst probierten unterschiedlichste Verkleidungen aus. Das war eine aufregende Zeit für die Karnevalskostüme. Jedes von ihnen wollte so schnell wie möglich verkauft werden, um mit einem der Kinder auf eine Faschingsfeier oder den großen Karnevalsumzug zu gehen. Einige wenige Kostüme hatten das Glück, auf der Prunksitzung des örtlichen Karnevalsvereins getragen zu werden. Das war eine ganz besondere Veranstaltung, auf der gab es sogar einen König und eine Königin.

Auch das kleine traurige Clownskostüm wollte gerne verkauft werden und wurde Jahr für Jahr angeboten. Es trug seinen Preis immer an den linken Ärmel geheftet, doch kaum jemand beachtete es. Jedes Jahr wurde sein Preis ein wenig günstiger, und doch hatte noch kein Kind es jemals auch nur anprobiert. Das machte das kleine traurige Clownskostüm noch trauriger.

All die anderen Clownskostüme waren spätestens bis zur Weiberfastnacht verkauft und durften das Kaufhaus verlassen. Aber das kleine traurige blieb jedes Jahr bis zum Aschermittwoch an seinem Kleiderbügel hängen, bis es schließlich ins Lager zurückgebracht wurde. Dort lag es dann wieder im Dunkeln und wartete, in der Hoffnung, dass im nächsten Jahr endlich jemand Gefallen an ihm fand.

*I*n diesem Jahr war das Clownskostüm noch trauriger als sonst, denn wieder einmal hatte man seinen Preis erheblich reduziert. Es war so günstig geworden, dass es sich vor den anderen Kostümen schämte und sich am liebsten im hintersten Winkel des Kleider-

ständers verkriechen wollte. Aber der Abteilungsleiter hatte zur Verkäuferin gesagt: „Dieses Kostüm ist wirklich ein Ladenhüter – hängen Sie es mal ganz nach vorne auf den Ständer. Und wenn wir es dann dieses Jahr trotzdem wieder nicht verkaufen, habe ich die Nase voll. Dann kommt es weg."
„Ich glaub, das wird nichts mehr", stimmte die Verkäuferin ihm zu. „Das verkaufen wir nie. Es ist eben einfach ein zu trauriges Kostüm. Wer will an Karneval schon so traurig aussehen?"

Das Kostüm erschrak. „Wegkommen" sollte es? Was auch immer das bedeutete – es wollte auf gar keinen Fall irgendwohin „weg"kommen. Es musste in diesem Jahr unbedingt alles daransetzen, ordnungsgemäß verkauft zu werden. So bemühte sich das traurige kleine Kostüm redlich, die Aufmerksamkeit der Kunden auf sich zu lenken. Es zappelte wild herum, wenn ein Kind an ihm vorbeizugehen drohte, und kokettierte mit seinem Preisschild vor den Augen der Eltern. Doch die Wochen vergingen und noch immer hatte keiner das kleine Clownskostüm anprobiert.

Aber was noch viel schlimmer war, das waren die gemeinen Dinge, die die Kaufhauskunden über das Kostüm sagten. Ein kleines Mädchen rief zum Beispiel: „Schau mal, Mama, was für ein hässlicher Clown! Der hat eine total blasse Nase."
Und ein Junge sagte zur Verkäuferin: „Das ist ein dummes Kostüm, ein Clown, der nicht lustig ist. Wozu soll das gut sein?"
Die Verkäuferin zuckte nur mit den Schultern.
„Dafür ist es aber besonders günstig", sagte sie entschuldigend zu einem Mann, dessen Blick an dem Preisschild am Ärmel des kleinen Clownskostüms hängengeblieben war.
„Na und?", meinte der. „Mehr ist es ja wohl auch kaum wert."
All diese Worte taten dem kleinen traurigen Clownskostüm sehr weh und machten es noch trauriger. Und je trauriger es wurde, desto geringer war seine Chance, verkauft zu werden. So kam es, dass es auch in diesem Jahr an Weiberfastnacht noch auf dem Kleiderständer hing, während fast alle anderen Kostüme längst verkauft waren. Außer dem Clown

FRÜHLING

waren da nur noch ein Rotkäppchen-Kostüm, das umgenäht werden musste, und ein übellauniger Cowboy, dessen feine bestickte Lederweste von den vielen Anproben durch die Kinder einen Riss bekommen hatte. Beide, Rotkäppchen und Cowboy, sollten zum Näher gebracht werden, um dann im Folgejahr verkauft zu werden. Das kleine traurige Clownskostüm jedoch war verloren. Am Freitag vor Rosenmontag ließ der Abteilungsleiter die Karnevalsabteilung abbauen. Die Verkäuferin nahm das Kostüm vom Kleiderständer, entfernte den Bügel und warf es in eine Kiste mit der Aufschrift: „Restbestände". Es landete direkt neben einem gelb und schwarz karierten Sakko aus der Winterkollektion. Die Kiste wurde mit einem Holzdeckel verschlossen, und dann wurde es dunkel und still.

„Hallo?", fragte das kleine traurige Clownskostüm in die Stille hinein. „Kann mich jemand verstehen? Hallo?"

„Na logisch versteh i di", brummte das Sakko. Es hatte einen ulkigen Akzent. „Oder meinscht, du bischt der Einzige, der wo spreche kann?"

„Nein, nein, natürlich nicht", beeilte sich das Kostüm zu sagen. „Entschuldigung. Wissen Sie vielleicht, was jetzt mit uns passiert?"

„Ja, freilisch. Mir komme jetzt zur Stofffabrik, da mache die ganz neue Sache aus uns. I hoab das scho zweimal mitgmacht. Zuerscht war i a Hosn und danach a Frauenjackerl. Bin schon sehr gschpannt. I tät nämlich so gern endlich a Röckle werde, da würd mich sicher jemand kaufe. Was möchst du denn werde?"

Das kleine Clownskostüm überlegte. Eigentlich wollte es gar nicht jemand anderes sein. Es war sehr gerne Kostüm. Na klar, wenn man aus ihm einen lustigen Clown machen würde, das wäre eine feine Sache! Dann wäre es sicher ratz, fatz verkauft und der große Star auf dem Karnevalsfest der Kinder. Aber das war sicher nicht möglich. Die in der Stofffabrik würden bestimmt irgendetwas anderes aus ihm machen. Vielleicht gar auch einen Rock? Um nichts in der Welt wollte der Clown ein Rock werden!

FRÜHLING

„Ich will nicht in die Stofffabrik. Ich muss hier unbedingt weg!", sagte das kleine traurige Clownskostüm. „Kannst du mir dabei helfen?"

„Wie denn?", fragte das Sakko. „Die Kiste wird doch erscht in der Fabrik wieder aufgmacht."

„Vielleicht bekommen wir den Deckel ja zusammen aufgedrückt. Wenn wir uns ganz doll anstrengen."

„Na, meinetwege", seufzte das Sakko. „Wenn du unbedingt willscht."

Und so stemmten sich das schwere karierte Herrensakko und das kleine Clownskostüm mit vereinten Kräften gegen den Deckel der Kiste. Doch so sehr sie sich auch bemühten – der Deckel rührte sich nicht.

„Na, mach dir nichts draus", meinte das Sakko. „Das is a Riesengaudi in der Fabrik, glaub mir. Wer da alles zsammekommt, Hemden, Blusen, Hosen, Röcke – sogar einen Schal hab ich da mal getroffen, der war hinterher ein Hut, das musst dir mal vorstelle! Ein Hut!"

Dem kleinen Clownskostüm lief ein kalter Schauer über den Rücken und es wurde noch ein wenig blasser um die Nase. Ein Hut! Das fehlte noch, dass man einen Hut aus ihm machte!

„Jetzt schau net so traurig. Vielleicht hast ja auch Glück und du gefällst dem alten Obermayer, dann biste fein raus! Der schaut uns nämlich immer noch durch, bevor wir weiterverarbeitet werden."

„Obermayer?", fragte das Kostüm. „Wer ist das denn?"

Der Obermayer, erklärte ihm das Sakko, war ein alter Mann, der schon ganz lange in der Stofffabrik arbeitete. Er stand am Fließband und sortierte die ankommenden Kleidungsstücke. Und er durfte entscheiden, welche Stoffe zu einem anderen Kleidungsstück umgearbeitet wurden und welche nicht. In seiner Freizeit bastelte der alte Mann lebensgroße Marionetten. Mit denen spielte er regelmäßig im Waisenhaus Puppentheater und machte damit den Kindern eine Riesenfreude. Und weil die Puppen so besonders groß waren, benötigte er viel teuren Stoff für die Puppenkleidung. Deshalb hatte der Besitzer der Stofffabrik ihm erlaubt, sich von jeder Fuhre ein Kleidungsstück auszusuchen, dass er für sein Hobby mit nach Hause nehmen durfte.

Ein Leuchten blitzte auf in den Augen des kleinen traurigen Clownskostüms. Marionette in einem Puppenspiel, das wäre eine feine Sache! Aber gleich darauf ließ es wieder seinen Kopf hängen. Nein, das wäre doch zu schön, um wahr zu sein. Wer wollte schon aus einem traurigen Clownskostüm eine Marionette machen?

123

So hockte es traurig neben dem Sakko in der Kiste und erwartete sein Schicksal.

Als der alte Obermayer am Samstagmorgen die Kiste aus dem Kaufhaus öffnete, um die Kleidungsstücke auf die Fließbänder zu sortieren, da fiel sein Blick sofort auf das kleine traurige Clownskostüm. Der Mann griff es gezielt heraus, hielt es ins Licht und betrachtete es eingehend.

„Na, wen haben wir denn da?", murmelte er. „Ein trauriger kleiner Clown. So etwas! Was machen wir denn aus dir?"

So sprach der alte Mann vor sich hin.

„Keinen Rock, bitte, bitte keinen Rock", bettelte das Kostüm. „Und wenn es geht, auch keinen Hut!" Es sah unter sich die Fließbänder rollen mit den Aufschriften: Oberbekleidung, Hosen und Röcke und Accessoires. Das kleine Kostüm zitterte am ganzen Leibe vor Angst. „Keinen Rock bitte! Und keinen Hut!", flüsterte es. Doch der alte Mann konnte es natürlich nicht verstehen.

„Ruhig bleiben!", raunte ihm das Sakko aus der Kiste zu. „Es wird schon alles gut werden!"

„Na, uns wird schon noch einfallen, was wir aus dir machen", brummte der alte Mann schließlich. „Dich behalten wir erst einmal hier." Mit diesen Worten legte er das Kostüm auf die Seite. Erleichtert atmete es durch.

Schon hielt der alte Mann das Sakko in den Händen.

„Bitte mach a Röckle aus mir", flüsterte das Sakko. „Sei so gut!"

Obermayer drehte es nachdenklich hin und her. Schließlich murmelte er:

„Schwarze und gelbe Karos – das wird doch ein netter Schottenrock."

Und er warf es auf das entsprechende Fließband. Das Sakko jauchzte und winkte dem kleinen traurigen Clownskostüm noch einmal aufmunternd zu, während es auf dem Fließband davongetragen wurde. Puh, das war gut gegangen! Nun hieß es abwarten, was der alte Puppenspieler mit dem Clownskostüm vorhatte.

Am Abend nahm Herr Obermayer das Kostüm von der Arbeit mit nach Hause. Dort hängte er es über einen Stuhl und dachte nach. Am Rosenmontag würde er wieder im Waisenhaus sein Puppentheater spielen. Doch alle Figuren, die er dafür benutzen wollte, waren eigentlich schon fertig eingekleidet. Er hatte seinem Kasperle eine neue rote Zipfelmütze aus einer alten Bluse genäht und die Großmutter hatte ein neues Kleid bekommen. Dem Wachtmeister musste er lediglich neue Knöpfe an die Uniform nähen und die Jacke vom Räuber Hotzenplotz war noch ganz in Ordnung. Vielleicht könnte er aus dem Clownskostüm die Kleidung für eine neue Marionette machen. Aber die würde nie und nimmer bis zum Rosenmontag fertig werden. Außerdem würde ein Clown in dem Kasperletheaterstück ja auch gar keinen Sinn ergeben.

Oder aber er könnte aus der bunten Clownshose einen neuen hübschen Rock für die Gretel-Marionette nähen. Und mit dem Rest könnte er den Hut von der Großmutter neu umsäumen.

„Ja, das mach ich", dachte der alte Obermayer. „Ich näh der Gretel einen neuen Rock und die Großmutter bekommt einen neuen Hut. Aber für heute ist es genug, morgen schaff ich das allemal."

So legte er das Kostüm in seinen Nähkorb im Wohnzimmer und ging zeitig schlafen, um am Sonntag aus dem Clownskostüm neue Kleidungsstücke für seine Marionetten zu nähen. Wenn das kleine traurige Clownskostüm geahnt hätte, dass es nun doch zu Rock und Hut umgearbeitet werden sollte, hätte es in dieser Nacht sicher kein Auge zugetan. Doch von dem aufregenden Tag in der Stofffabrik war es ganz erschöpft, und so schlief es tief und fest und träumte von einem schwarz und gelb karierten Schottenrock mit komischem Akzent.

Am Sonntagmorgen nach dem Frühstück machte sich der alte Obermayer gleich an die Arbeit. Er schnitt Musterbögen zurecht für Rock und Hut und nahm die Maße seiner Marionetten Gretel und Großmutter. Dann wählte er ein Gummiband für den Rockbund und eine Schleife für den Hut. Gerade als er das Kostüm aus dem Nähkorb nahm, um die Schnittkanten einzuzeichnen, klingelte es an der Haustür.

„Nanu", dachte der alte Mann. „Wer kann denn das sein, so früh am Sonntagmorgen?" Er legte das Kostüm wieder in den Korb, ging zur Tür und öffnete. Vor ihm standen seine Nachbarin Claudia und ihr sechsjähriger Sohn Julian. Der kleine Junge war ganz verheult im Gesicht und Claudia guckte bedrückt.

„Entschuldigen Sie, dass wir so früh schon stören", sagte Claudia. „Zum Glück sind Sie zuhause, Sie müssen uns unbedingt aus der Patsche helfen."
„Bitte, bitte, Onkel, du musst es wieder heile machen!", rief der Kleine mit weinerlicher Stimme. „Der Leo hat das doch nicht mit Absicht gemacht. Bitte, bekommst du das wieder hin?"
Und mit Tränen in den Augen hielt er dem alten Obermayer ein zur Unkenntlichkeit beknabbertes, feuchtes rundes Etwas hin, aus dem noch ein klägliches Büschel Kunsthaar heraushing.
„Was um Himmels willen ist das?", fragte der alte Mann.
„Sie meinen: was war das?", berichtigte Claudia. „Das war der Kopf von Julians Karnevalskostüm. Den hat der Kater erwischt. Die Fledermausflügel hat er auch zerrissen, schauen Sie mal", meinte sie und hielt dem alten Mann eine Hand voll schwarzer Stoffreste hin.
„Das ist alles, was davon übrig ist. Und morgen ist doch die große Parade und seine ganze Schulklasse geht hin. Wo soll ich denn jetzt noch ein neues Kostüm herbekommen?"
„Bitte, Onkel Obermayer, sag, dass du es wieder heil machst!", rief der kleine Junge wieder.
„Jetzt kommt erst einmal rein und beruhigt euch", sagte der alte Mann.

Claudia und Julian folgten ihm in die Küche und setzten sich. Obermayer legte die zerfressene Maske und die kaputten Fledermausflügel vor sich auf den Tisch. Er mochte den kleinen Jungen sehr, weil er ein so fröhliches und freundliches Kind war. Es war das einzige der Nachbarskinder, das „Onkel" zu ihm sagen durfte, und manchmal spielte er ihm mit seinen Marionetten ein Puppenstück vor – ganz für ihn alleine. Und Julian lachte dann immer fröhlich und klatschte bei jeder Szene. Es tat dem alten Mann weh, den Jungen jetzt so traurig zu sehen.
„Ich nehme an, du wolltest als Vampir zum Karnevalsumzug gehen, hm?", fragte er ihn. Julian nickte und schluchzte auf:

„Und jetzt ist alles kaputt. Und ich kann nicht mitmachen bei der Parade. Und ich wollte doch Kamelle werfen!"

„Na na, nun weine mal nicht", tröstete ihn der Marionettenmacher. Er holte ein Glas, goss dem Kind Milch ein und rührte besonders viel Kakaopulver hinein.

„Trink erst einmal einen Schluck", meinte er. Dann setzte er für sich und seine Nachbarin einen Kaffee auf.

„Wir finden schon eine Lösung."

„Ganze dreißig Euro habe ich für den Umhang bezahlt und die Maske war noch einmal genauso teuer", schimpfte Claudia.

„Und nur weil der Junge das Kostüm letzte Nacht heimlich noch einmal anprobiert und dann nicht wieder in den Schrank zurückgelegt hat, ist der Kater darangekommen. Und das Resultat sehen Sie ja. Ausgerechnet einen Tag vor Rosenmontag!"

„Ja, es ist erstaunlich, wie teuer Kostüme geworden sind", nickte der alte Mann.

„Ich würde ihm ja sogar ein neues Kostüm kaufen, aber es ist Sonntag, und da ist hier kein Geschäft geöffnet. Ich weiß mir keinen Rat mehr", seufzte die Nachbarin.

„Mama hat gesagt, du machst das Kostüm heil!", sagte Julian und schaute Herrn Obermayer mit großen fragenden Augen an.

„Also, öhem, ich weiß nicht recht", räusperte der sich und hob den angeknabberten Vampirkopf in die Höhe. „So wie es aussieht ist an dem Original nicht mehr viel zu retten."

Julian fing wieder an zu schluchzen.

„Ich bitte Sie inständig, uns zu helfen", bat die junge Mutter. „Wenn irgendjemand ein neues Kostüm nähen kann, dann sind das Sie. Und Sie haben ja auch immer so viele Stoffreste hier für Ihre Puppen. Da ist doch sicher auch etwas Schwarzes dabei."

„Naja, ja, das ist gut möglich", sagte der alte Mann.

„Bitte!", bettelte der Junge mit einem Hoffnungsschimmer in den Augen. „Alle meine Freunde gehen auf dem Umzug mit."

Beim Anblick des kleinen traurigen Jungen konnte der alte Mann nicht nein sagen.

„Gut, kommen Sie. Wir schauen gleich mal nach, was ich an Stoffen auf Lager habe. Wenn wir heute noch ein Kostüm nähen wollen, dann müssen wir uns beeilen."

Der alte Mann und seine Nachbarin gingen hinüber in seine Hobbywerkstatt und kramten in den Stoffvorräten. Aber so sehr sie auch suchten, sie fanden keinen geeigneten Stoff für neue Fledermausflügel, geschweige für ein ganz neues Kostüm.

„Muss es denn unbedingt ein Vampir-Kostüm sein?", fragte der alte Mann. „Ich hab hier ein Stück braunes Leder, da könnte man eine tolle Cowboyweste draus machen."

„Ich glaube, dem Jungen wär heute alles recht, Hauptsache, er bekommt rechtzeitig zum Umzug ein Kostüm. Aber für einen Cowboy bräuchten wir auch noch einen Hut und eine Spielzeugpistole. Wir haben nur eine alte Knallerbsenpistole, und die ist leider seit ein paar Wochen verschwunden. Julian muss sie irgendwo im Garten oder bei einem Freund liegengelassen haben."

„Also kein Cowboy", schloss der Marionettenbauer. „Wie wäre es dann mit einem Indianer? Einen Flitzebogen haben wir doch schnell gebaut aus einem langen Stock und Zwirn."

„Und wo bekommen wir die Federn für den Kopfschmuck her?", fragte Claudia. „Ich kann ja schlecht zum Bauern hinüber gehen und seinen Hahn rupfen. Der wäre schön wütend!"

„Also auch kein Indianer", brummte Obermayer und wühlte weiter in seinen Stoffresten herum. Aber alles, was er fand, reichte immer nur für einen Teil eines Kostüms. Er fand eine grüne Strumpfhose für den Robin Hood, aber es fehlte eine passende Jacke dazu. Aus dem alten Bettlaken hätte er ein Gespensterkostüm nähen können, doch was war ein Geist ohne eine rasselnde Kette?

So sehr die beiden auch suchten, sie fanden einfach kein passendes Material für ein neues Kostüm. „Wie soll ich das nur Julian erklären?", seufzte Claudia, als sie in die Küche zurückgingen.

„Wo ist er überhaupt?", fragte Herr Obermayer.

Über all der Sucherei hatten sie den kleinen Jungen ganz vergessen. Der war inzwischen heimlich durch die Wohnung vom alten Obermayer geschlichen, um zu sehen, ob der wieder eine neue Marionette gebaut hatte, die er noch nicht kannte. Plötzlich hörte man den kleinen Jungen ganz aufgeregt rufen:

„Mama, Onkel! Schaut, was ich gefunden habe! Schnell!"

Claudia und der Marionettenbauer stürzten ins Wohnzimmer. Da stand Julian und hielt triumphierend das Kostüm vom traurigen kleinen Clown in die Höhe!

„Ein Kostüm! Ein niegelnagelneues Clownskostüm! Oh, bitte, Onkel Obermayer, darf ich das anziehen?"

Der alte Obermayer schlug sich mit der Hand vor die Stirn. „Natürlich! Das ist die Lösung! Dass mir das nicht eingefallen ist!"

FRÜHLING

Er nahm dem Jungen das Kostüm aus der Hand und hielt es ihm an. „Das hab ich erst gestern bekommen. Ich war gerade dabei, daraus Marionettenkleider zu machen, als ihr gekommen seid. Probier es einmal an!"

Das ließ Julian sich nicht zweimal sagen. Er schlüpfte in die Clownshose, zog die bunt gepunktete Jacke an und stülpte sich die traurige Maske über den Kopf. Das Kostüm passte wie angegossen.

„Es passt! Es passt!", rief der kleine Junge und tanzte vor Freude um den Nähkorb herum.

„Es ist ein kleines Wunder", meinte Claudia.

„Ja", lachte der alte Obermayer. „Wer hätte gedacht, dass ein so trauriges kleines Clownskostüm so fröhlich durch die Gegend springen kann!"

So hatte sich die Geschichte doch noch zum Guten gewendet: Julian hatte ein neues Kostüm bekommen und das kleine traurige Clownskostüm wurde nicht zerschnitten und umgenäht, sondern durfte es selbst bleiben. Und alle waren sich einig, dass Julian der fröhlichste traurige Clown war, den die Karnevalsparade je gesehen hatte.

Kinder, lasst uns spielen

Gemüsegolf

Jeder von euch braucht zwei Kohlrabi und eine Schnur. Ihr wickelt das eine Ende der Schnur um das Gemüse, das andere befestigt ihr z. B. an eurem Gürtel oder Hosenbund. Der Kohlrabi baumelt so an der Schnur zwischen euren Beinen. Dann markiert ihr ein „Loch" und eine Startlinie. Danach legt ihr den anderen Kohlrabi vor euch hin. Jetzt versucht der erste Spieler, den vor sich liegenden Kohlrabi mit Hilfe des anderen, an der Schnur hängenden Gemüses mit so wenigen „Schlägen" wie möglich in das Ziel, das Loch, zu befördern. Wer ist ein echter Golfcrack?

Frühlingspflanzen raten

Dazu braucht ihr ein paar Frühlingsblumen und Obst und ein Tuch zum Augenverbinden. Einem Mitspieler werden die Augen verbunden. Dann haltet ihr ihm eine Blume oder ein Stück Obst unter die Nase. Wer die meisten Pflanzen errät, bekommt einen Blumenkranz und ein Stück Obst seiner Wahl.

Schattenjagen

Die Sonne scheint endlich wieder, also raus in den Garten! Hier könnt ihr ein Spiel spielen, das euch ganz schön ins Pusten bringen wird. Und zwar versucht ihr, den Schatten eures Mitspielers zu erwischen. Das ist gar nicht so einfach. Also in die Startlöcher und Schatten jagen!

Ballonrennen

Schnappt euch einen Luftballon und einen Laufpartner und stellt euch an eine Startlinie. Vorher zeichnet ihr noch eine Rennstrecke auf. Dann klemmt ihr euren Luftballon zwischen eure Bäuche und eure Rücken und macht euch bereit. Einer gibt das Startsignal. Wer als Erstes durch das Ziel läuft, ohne den Ballon zu verlieren oder zum Platzen zu bringen, hat gewonnen! Für Anspruchsvolle: Man kann auch einen richtigen Parcours mit Hindernissen und Klettergeräten aufbauen.

Blume, Baum, Biene

Sucht euch eine schöne Wiese oder ein Stückchen Wald. Einer wird zum Spielleiter bestimmt. Dann laufen alle anderen durcheinander herum. Beim Kommando „Blume" müssen alle stehen bleiben, die Arme ausbreiten und sich im Wind wiegen. Bei „Baum" laufen alle zu einem Baum und umarmen ihn. Bei „Biene" flattern alle mit den Armen und summen. Wer ein Kommando nicht befolgt oder etwas Falsches macht, scheidet aus. Wer als Letztes übrig bleibt, wird zur Blumenkönigin bzw. zum Blumenkönig gekrönt.

Blumenball

Alle Mitspieler stellen sich in eine Gruppe zusammen. Jeder wählt für sich einen mehrsilbigen Blumennamen und gibt diesen bekannt (z. B. „Osterglocke", „Schneeglöckchen", „Krokus").
Einer bekommt den Ball, wirft ihn hoch in die Luft und ruft dabei den Blumennamen eines Mitspielers. Das Schneeglöckchen versucht nun den Ball zu fangen und darf dann als Nächstes werfen und den Fänger wählen. Wird der Ball nicht gefangen, bevor er den Boden berührt, dürfen die übrigen Mitspieler versuchen, ihn zu schnappen. Wer ihn erobert hat, darf nun weitermachen.

Nasenrasen

Im Frühling scheint leider ja nicht immer die Sonne, gerade der April macht bekanntlich, was er will. Deswegen muss aber nicht Trübsal geblasen werden, denn dann ist es Zeit für „Nasenrasen". Baut eine kleine Rennstrecke durch eure Wohnung auf und greift zu einer Orange. Dann macht ihr euch an der Startlinie bereit: Alle Mitspieler gehen auf die Knie, legen die Orange vor sich hin und beugen sich runter, sodass sie mit der Nase die Orange berühren. Bei „Los!" versucht dann jeder, seine Orange mit der Nase über den Parcours zu führen. Wer als Erstes mit seiner Orange durchs Ziel rollt, hat gewonnen!

Blumenkette

Hier ist der Kopf gefragt! Einer nennt eine Blume, z. B. Osterglocke. Der Nächste muss eine neue Blume nennen, die mit der letzten Begriff beginnt, d. h. beispielsweise Glockenblume.
Wem keine Blume mehr einfällt, darf auch mit Baum- oder anderen Pflanzennamen weitermachen. Das Spiel ist vorbei, wenn niemandem mehr etwas einfällt.

FRÜHLING

Bastelvorlage Klammerhühner

Schnittmuster für die Hühner

Diese Vorlagen können 1:1 verwendet werden, dürfen aber nach Belieben vergrößert oder verkleinert werden.

133

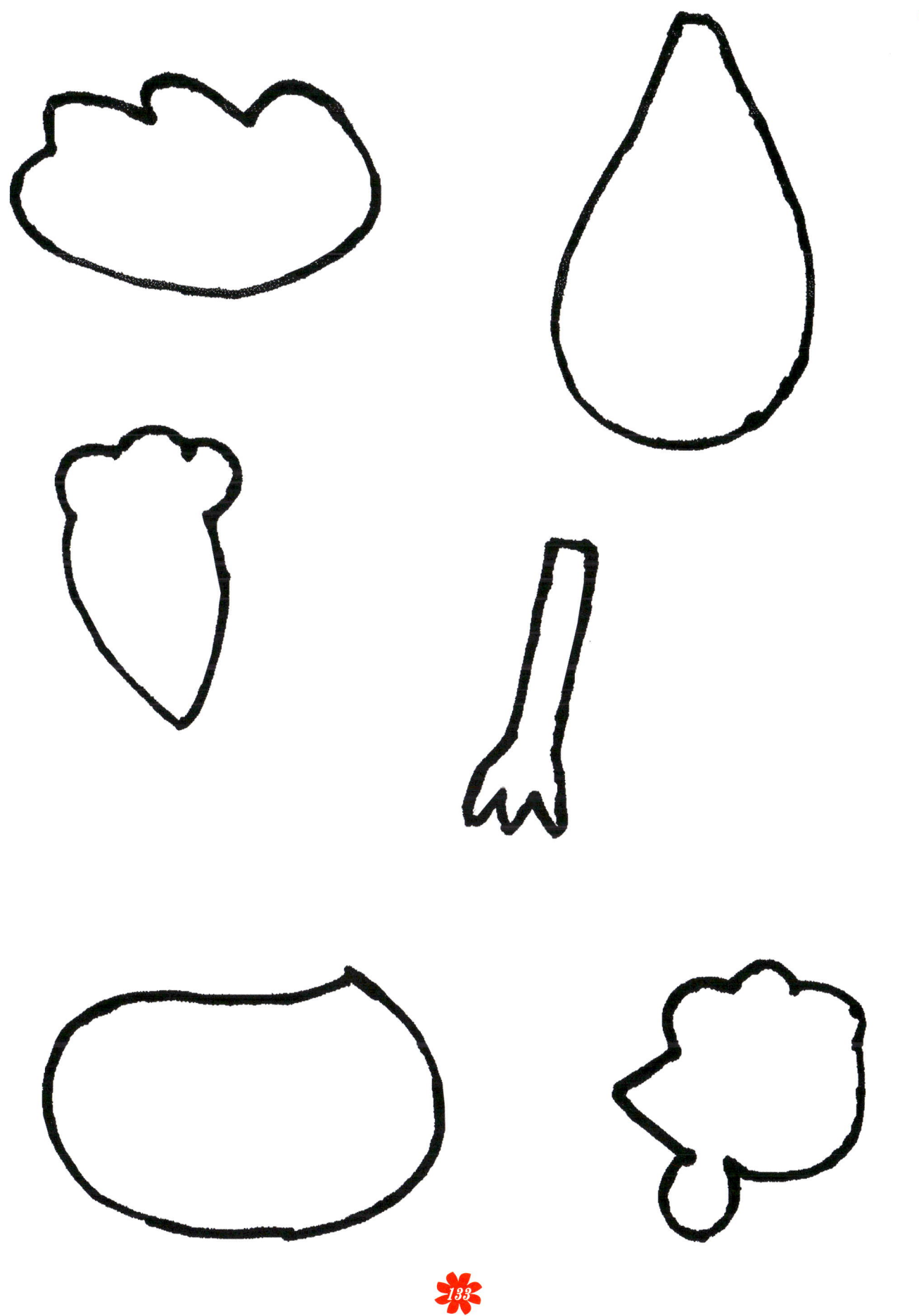

FRÜHLING

Bastelvorlage Serviettenringe

Schnittmuster für den Hasen und das Ei

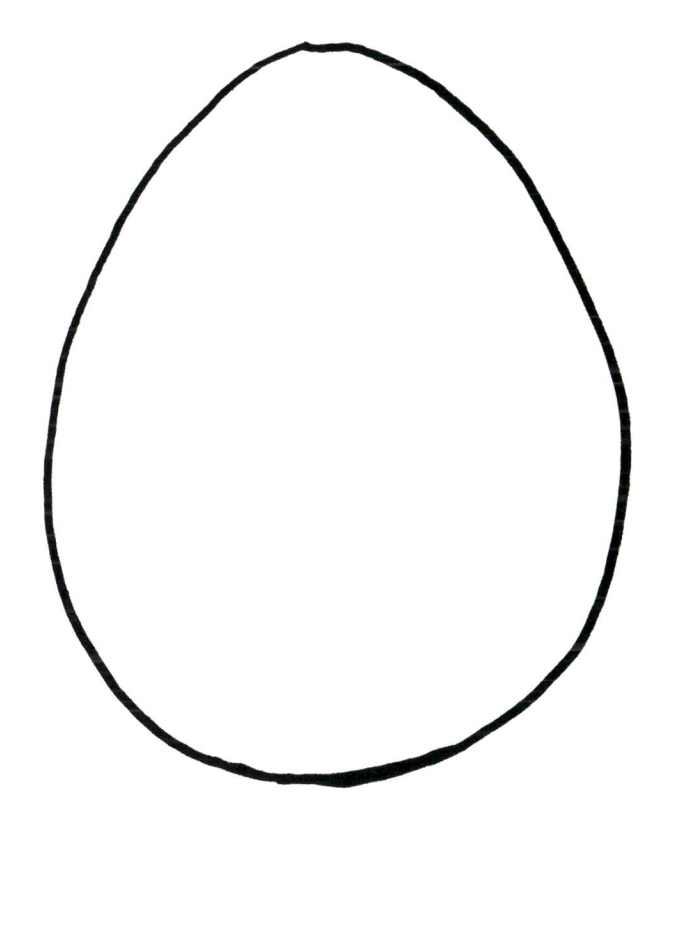

FRÜHLING

Bastelvorlage
Die Taube in der Pfingstsonne

Schnittmuster für die Taube und die Sonne

Die Vorlagen können 1:1 verwendet werden, ihr könnt
aber auch die Vorlagen auf den Kopierer legen und auf 150 % vergrößern.

137

FRÜHLING

Bastelvorlage Tulpenpassepartout

Schnittmuster für den Rahmen und die Tulpe

Um ein optimales Ergebnis zu bekommen,
die Vorlage auf einen Kopierer legen und um 150 % vergrößern
(je nach Belieben auch gern mehr).

Bastelvorlage Hampelkäfer

Schnittmuster für den Körper des Hampelkäfers

Wenn ihr schöne, große Hampelkäfer haben wollt,
bitte die Vorlage auf einem Kopierer je nach Belieben vergrößern.

141

Bastelvorlage Frühlingskarte

Schnittmuster für die Karte und die Blume

Diese Vorlagen können 1:1 verwendet werden, dürfen aber nach Belieben vergrößert oder verkleinert werden.

143

Hier kannst du dein eigenes Rezept eintragen

Hier ist Platz für deinen eigenen Basteltipp

Mein schönstes Osterbild

Mein schönstes Frühlingsbild

Artikel-Nr. 314 00
ISBN 978-3-939456-31-5

© 2008 lies + spiel Verlag und Vertrieb
Lademannbogen 124 · 22339 Hamburg
www.lies-und-spiel.de

Gestaltung: Ingo Schillinger, Printmedien aller Art, Großhansdorf
Texte Ostern, Pfingsten und „Das Kostüm": Kerstin Klose
Texte Frühling: Barbara Veit-Mayall
Rezepte und Basteltipps: Sabine Landwich
Fotos: Hans Jürgen August Hagelstein, Ellerau, www.hagelsteinfoto.de

Wir haben uns redlich bemüht, alle notwendigen
Abdruckgenehmigungen einzuholen.
Sollte uns dennoch ein Irrtum unterlaufen sein,
so bitten wir eventuelle Rechteinhaber,
Kontakt mit unserem Verlagshaus aufzunehmen.